汽车技术精品著作系列

车辆动力总成电控系统 标定技术

刘波澜　著

机械工业出版社

动力总成是车辆的核心系统之一，其电子控制系统（以下简称电控系统）是实现复杂功能和精细性能的关键。近年来，随着对车辆环保、经济性及环境适应性要求的日益严苛，带来电控系统开发，特别是系统标定的难题。本书介绍了常规动力总成电控系统标定的技术流程，在此基础上提出了基于模型的标定技术和采用硬件在环技术的虚拟标定技术。本书依赖发动机的详细物理模型，获取初始控制数据建立统计模型，优化后验证其标定效果；依赖部分试验数据，建立了动力总成的硬件在环仿真平台，采用真实电控单元，对不同工况参数进行了虚拟标定；对动力总成进行了模拟道路谱的标定试验；给出了采用商业标定工具进行发动机标定的示例。本书从标定理论和方法层面实现创新，优化了标定流程，提升了动力总成电控系统研发及更新换代的效率。

本书可供车辆使用、维修、检测和管理等行业的相关人员学习参考，也可作为普通高等院校车辆、动力等相关专业师生的参考书。

图书在版编目（CIP）数据

车辆动力总成电控系统标定技术/刘波澜著 .—北京：机械工业出版社，2022.6
（汽车技术精品著作系列）
ISBN 978-7-111-70500-0

Ⅰ.①车… Ⅱ.①刘… Ⅲ.①汽车-动力总成-电子系统-控制系统-标定 Ⅳ.①U463.2

中国版本图书馆 CIP 数据核字（2022）第 056493 号

机械工业出版社（北京市百万庄大街 22 号　邮政编码 100037）
策划编辑：何士娟　责任编辑：何士娟　丁　锋
责任校对：张　征　张　薇　封面设计：马精明
责任印制：常天培
北京机工印刷厂有限公司印刷
2022 年 7 月第 1 版第 1 次印刷
184mm×260mm・9.75 印张・6 插页・237 千字
标准书号：ISBN 978-7-111-70500-0
定价：138.00 元

电话服务　　　　　　　　　　网络服务
客服电话：010-88361066　　　机 工 官 网：www.cmpbook.com
　　　　　010-88379833　　　机 工 官 博：weibo.com/cmp1952
　　　　　010-68326294　　　金 书 网：www.golden-book.com
封底无防伪标均为盗版　　机工教育服务网：www.cmpedu.com

前　言

　　动力总成是指车辆的动力及传动部分，无论是传统车辆还是新能源车辆，该系统均为核心系统之一。标定是对动力总成的电子控制系统参数整定技术及方法的统称，是系统实现复杂功能和精细性能的关键。近年来，随着车辆节能减排的要求不断提高，使系统标定变得日益复杂。本书全面系统地介绍了标定基本流程、基于模型的标定方法、采用硬件在环技术的虚拟标定技术及基于道路谱加载的道路模拟标定实现，力求所述内容具有理论意义和一定的工程实用价值。

　　本书首先介绍了标定技术的基本现状，即从手工标定到自动化标定的发展趋势，基于模型标定技术的发展状况，动力总成层面标定理念及标定所采用的道路谱技术的现状。接下来，介绍了动力总成标定流程及典型的基本环节，如传感器标定、离合器参数标定、液力变矩器特性标定，燃油子系统特性标定；台架特性标定，包括发动机起动标定、怠速特性标定、发动机万有特性标定、排放特性标定及台架模拟道路加载标定；整车标定，如装车适应性标定、三高环境适应性标定等。

　　然后又介绍了基于模型标定的理论基础以及基本流程，包括试验设计、统计建模和优化。介绍了面向标定的发动机详细物理建模方法以及模型校核技术，通过详细物理模型，获得输入输出响应数据库，并对所建立的两阶段统计模型进行了校核；通过全局优化获得了循环喷油量、供油提前角、EGR 阀开度标定 MAP 图，最终通过实际台架验证了标定 MAP 的有效性，表明这种方法可以减少传统台架试验标定工作量。

　　另外，还介绍了采用硬件在环仿真平台（Hardware-in-loop System，HILS）的虚拟标定技术，可以在线完成电子控制单元参数的预标定；介绍了虚拟标定平台的构建方法，包含动力总成平均值模型的建立和下载，以及在 HILS 上运行时与实际试验数据的校核；介绍了虚拟标定所采用的上位机标定软件；介绍了这种标定技术在重型车辆加速性方面的虚拟标定流程，表明这种技术可以在一定程度上替代实际试验标定，提高开发效率。

　　面向动力总成应用于车辆实际道路循环的性能评价方法，介绍了基于道路谱加载的道路模拟标定实现方法，包括基于路谱自动加载的基本理论，自动加载模块的软、硬件实现方法，自动加载标定的试验系统，路谱跟随的参数标定以及换档规律标定对经济性影响的台架标定示例。

　　最后，针对目前动力总成领域里标定技术标准化的行业发展现状，介绍了成熟商业标定工具在发动机燃烧及排放过程的标定应用。

　　在本书编写过程中，张付军教授、崔涛副研究员以及研究生于飞、颜超、韩耀辉、王文泰、刘凡硕、张俊玮等给予作者很大帮助，在此对他们表示衷心的感谢。

　　初稿完成后，承蒙吉林大学韩永强教授审阅了书稿，提出了许多宝贵建议，在此表示衷

心感谢。

特别感谢广西玉柴机器集团有限公司的裴海俊高级工程师在标定模型校核方面提供的技术支持，感谢 AVL 公司的张鹏在虚拟标定方面的支持，感谢 ETAS 公司的张闯在 INCA 标定方面的技术资料支持。

恳请读者对本书的内容和章节安排等提出宝贵意见，并对书中存在的错误及不当之处提出批评和修改建议，以便本书再版修订时改正。

作　者

目　　录

V

第1章

绪　　论

动力总成是车辆的核心关键系统之一，负责完成动力的产生和传递[1]。随着传统内燃动力技术和新能源动力的不断发展，动力总成技术的发展也日新月异，新理论、新材料、新工艺及新控制技术等大量应用。在上述诸多技术中，动力总成的电子控制技术的发展更加迅猛，可以说该项技术是动力总成实现其功能和性能的必备环节，受到各大厂家和研究机构的重视。近年来出现了"性能指标 = 设计性能 + 控制性能"的说法，足见电控技术的重要性。车辆的发展对动力总成功能和性能的要求日益提高，导致动力总成控制功能的日益复杂，控制参数大幅度增加，控制性能精度要求愈加严苛。

标定（Calibration）是实现上述复杂控制功能和精细控制性能的关键技术手段[2-3]。标定可以定义为对动力总成电控系统参数的整定或者调校，由离线标定（预标定）和在线（实时）标定两个阶段组成。离线标定是电控系统初始控制参数的获取过程，通常可以采用理论计算推导或者动力总成仿真分析软件获得；在线标定则为真实电子控制系统搭载车辆动力总成进行试验时，采用标定软、硬件工具对控制系统参数进行进一步调整的过程，从而使系统完成控制功能以及达到控制性能，最终满足车辆的各项性能指标要求。此外，也可以按照先后次序将标定分为部件、台架、道路行驶标定和环境适应性等不同的标定阶段。

1.1　动力总成电控技术的发展

动力总成系统是车辆上最早采用电子控制技术的子系统，正是由于电子控制技术的采用才大幅度提升了动力总成乃至车辆的性能。电子控制系统通常包含传感器、电子控制单元（Electronic Control Unit，ECU）和执行机构，是一个典型工业自动化控制的应用。但是，由于控制对象实时性、高精度的控制要求，以及车辆自身排放、经济性等多方面的特殊约束，使得这类系统成为一类特殊的电子控制系统，其核心技术往往掌握在少数主机厂和大供应商手中，对于我国也属于"卡脖子"技术之一。近年来，新能源技术在车辆领域不断发展，其核心的"三电"技术仍然包含"电控技术"，足见在不同类型的动力总成系统中，电控系统都是核心关键。动力总成的电控系统宛如车辆"大脑"，直接影响其功能和性能实现。车辆正向着智能化、网联化发展，而动力总成控制技术作为底层技术是其实现的前提。

追溯动力总成电控技术的发展史，源于 20 世纪 80 年代。1983 年，丰田公司采用的发动机控制单元 ECU 可以与电控机械变速器的电控单元（Transmission Control Unit，TCU）进行信息交换，从而实现了对动力传动的一体化控制[4]。几乎同时，博世公司通过在一款发动机控制器中加入变速器控制功能，也开发出了动力总成的集成控制单元，在其变速器换档逻辑的设计中，首次提供了在经济模式、动力模式和手动模式之间切换的功能。1986 年，福特公司宣布针对稀薄燃烧汽油机和机械无级变速器，开发了动力总成综合电控系统，该系

统具有燃油喷射控制、点火正时控制、节气门开度控制、怠速控制、废气再循环（EGR）控制、可变进气涡流控制、进气歧管可变几何控制、自动换档控制等功能，在动力性、经济性、排放性和车辆操纵性等方面都取得了较好的结果。针对动力总成的一体化控制系统，叫法很多，比如"综合""集成"等，本文统称之为动力总成综合控制系统（Powertrain Control Module，PCM）。

　　20世纪90年代，随着动力总成综合控制系统的不断发展，出现了动力系统与传动系统的协调控制，比如在起步与换档过程中干预发动机循环供油量。然而，随着人们对车辆各项性能要求的日益提高，这种简单的协调控制已经无法满足需求。因此，在动力总成综合控制的策略方面，呈现出勃勃生机。虽然与传统控制相比，动力总成综合控制系统的基本控制功能没有发生大的变化，仍然由发动机功率控制、变速器档位控制、变矩器/离合器闭锁控制等组成，但是其控制策略的设计出发点已经悄然发生了变化，主要的设计思路是通过将动力总成视为一个整体系统，通过控制理论设计出一系列最优的集成控制策略，同时，针对整车换档过程中存在的纵向冲击问题，在发动机与换档离合器协调控制方面提出了许多新的控制理论。

　　进入21世纪以来，动力总成控制领域开始大量采用现代控制，其中也出现了一些智能控制的雏形。2002年，丰田公司开发出一套名为NAVI·AI-SHIFT的换档辅助控制系统（以下简称NAVI系统），这套系统的PCM根据前方路面曲率将路面分为急弯、中等弯道、大半径弯道和直路共四类，再根据车辆的入弯路线、车速和制动点来判断是否需要干预换档。后续开发的NAVI系统还引入了坡道信息，以防止在不同路面状况下，发动机制动力和车辆驱动力随路面斜率变化，以更好地执行驾驶员意图。2007年，通用公司与密歇根大学联合发表了一篇基于电子节气门式发动机和电液自动变速器动力总成控制策略方面的文章，文中将驾驶员对于加速踏板的操作设定为对动力传动装置输出功率的需求，通过仿真计算寻找该功率需求下的最优油耗档位与节气门位置，并最终得出了基于功率需求和车速的双参数节气门控制规律和换档规律。基于美国国家环境保护局（Environmental Protection Agency，EPA）的相关道路循环试验，表明该控制策略能够有效地改善动力总成功率输出的平顺性，且对车辆的燃油经济性也有所改善。近些年来，针对节能降碳的需求，动力总成的控制也更多转向排放控制和效率提升上，2021年，西南研究院（Southwest Research Institute，SwRI）在其未来动力总成的展望中，对传统内燃动力提出的要求主要是提高热效率，满足几乎"近零"的排放法规，并逐渐从纯内燃动力系统发展到混合动力，这里面也涉及复杂的燃烧和排放控制，是当代动力总成控制的首要任务。

　　国内的许多科研机构在20世纪90年代开始跟踪国际研究动向，开始了动力总成综合控制技术的尝试。北京理工大学致力于发动机与机械自动变速器协调控制方面的研究工作，开展了许多柴油动力总成的控制。通过对现有机械调速器式发动机和手动变速器进行自动化改造，并自行设计电磁式油门伺服控制系统，将发动机控制和机械自动变速器（Automatic Mechanical Transmission，AMT）控制作为一个整体的动力系统控制进行综合设计，实现了单一控制单元的动力总成综合控制。在2000年，进行了基于双微处理器联合控制的动力总成综合控制方案的研究，在换档过程中变速器控制单元（TCU）向发动机ECU传送减转矩信号，使发动机推迟点火，降低输出转矩，从而减小换档冲击。

　　进入21世纪后，随着车辆上采用的控制单元越来越多，基于总线的分布式控制系统逐渐成为各厂家和研究机构开发的动力总成系统的控制架构，总线类型很多，比如 CAN、LIN、FLEXRAY 等。在控制功能与 PCM 基本相同的情况下，由于高速总线数据交互，可以实现类似单一控制器的实时性。这种控制模式下除需要研究 ECU 和 TCU 之间的数据交互方法和模式外，针对动力总成在车辆上的集成，还需要研究整车的组网方法，在这种情形下，人们习惯于仍然将动力与传动视为一个整体，也就是基于网络的动力总成控制。例如，在 2009—2010 年，同济大学和湖南大学相继就 FLEXRAY 在车辆上的应用进行了研究。

在这期间，动力总成在车辆上的应用技术日臻成熟，而其外围"汽车-交通环境"以及"人机协同"控制理念已成为广义车辆动力系统的外延，如吉林大学汽车仿真与控制国家重点实验室在这一领域开展了大量的研究工作，将车辆本身具有的能力和汽车实际使用环境条件结合，探讨了牵引越野汽车和公路运输汽车的发动机、传动系统、轮胎、路面与使用工况在动力性、燃料经济性方面的综合控制问题，使得动力总成控制的内涵更加丰富。

进入 21 世纪 20 年代，车辆动力总成技术发展出现了巨大变化，传统内燃动力的地位日益受到挑战，逐渐出现了包含内燃动力的混动系统、燃料电池和纯电动动力总成，其发展趋势日新月异，相关领域的电子控制技术也在迅猛发展。国内外的研究机构如俄亥俄州立大学、苏黎世理工学院、清华大学、上海交通大学、华中科技大学等，以及各大厂商如通用、大众、丰田、一汽、东风、上汽、长安等，在传统动力性能提升以及新能源动力技术的推广方面都进行了大量的研究或者工程实践，使得车辆的动力总成性能近乎完美。总结起来，不论技术如何发展，动力总成在车辆中的核心地位无法撼动，而动力总成的控制技术是其最为关键的技术之一。

1.2　动力总成电控系统标定技术的发展

标定技术的发展与动力总成电控系统的开发技术密不可分。电控系统的 V 模式开发流程被行业内广泛采用，如图 1-1 所示。这种模式通过先期的概念设计完成基本功能的快速开发，通过代码生成工具完成实际控制器的装载，利用硬件在环工具完成功能测试，最后进行实际动力总成或者车辆的搭载标定试验。这一模式可以采用反复迭代的技术手段，从而实现控制系统的高效快速开发。

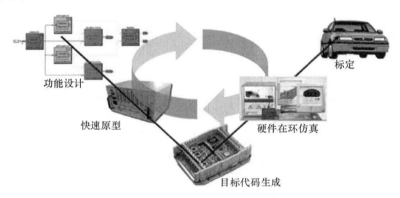

图 1-1　电控系统的 V 模式开发流程

标定作为 V 流程的最后一个环节，完成了从控制系统功能和参数化设计到结合实际控制对象功能验证和控制参数精确量化的过程。按照前文介绍的标定阶段划分方法，离线标定获得的初始标定参数存储于动力总成电控系统的非易失性存储器（Non-Volatile Random Access Memory，NVRAM）中，供控制程序运行时读取；在线标定时可以采用上位机标定软件，利用串口或者 CAN 总线硬件工具，通过标准化（或者自定）的标定协议实现对电控系统参数的读取，并在获得必要权限时，实现对核心控制参数如阈值、曲线或者三维 MAP 的调整。

早期的在线标定较为简单，如特定地址的参数值或者曲线数值等，通常依赖技术人员的经验即可完成。近年来，标定工作的难度日益增加，标定周期越来越长，甚至影响到产品的快速升级换代。原因主要有以下几点：首先，动力总成性能表现是多方面的，比如排放性能要求，以及经济性和动力性，还有动力输出传递的平顺性等，在开展控制参数的标定时必须对各种性能指标之间的影响进行综合考虑；其次，各控制参数之间存在耦合，相互影响，单独地把各个参数拿出来进行调整其实并不科学，需要在多参数间寻优；最后，在标定方法上，依靠人工经验标定的方法越来越难以胜任这项工作，因为人的思维受空间维度的影响，对于复杂且相互耦合的多参数关系，几乎难以凭经验找到相互间的影响关系，从而进行调整，需要借助具有复杂计算和分析能力的数学工具。下面介绍标定技术的简单发展历程。

1.2.1 手工标定

动力总成采用电控技术后，早期所谓的"标定"是试验技术手段之一，就是自发地依据需求调节控制参数，可称之为手工标定。以发动机标定为例，人们对标定的认识是在满足国家排放法规、发动机结构强度等约束下，以通过排放法规和最低的燃油消耗率为目的来确定发动机 ECU 的控制参数，通常 ECU 中含有大量的特性曲线（如传感器特性、环境修正特性）、MAP（如喷油特性、点火特性）等，标定过程中工程师需要处理大量数据。随着在线诊断（On-Board Diagnostics，OBD）功能的丰富，其相关的参数也需要标定。由于发动机自身的非线性特点，采用简单的线性控制来标定这些控制参数几乎不可能，只能通过大量的台架试验来获取各种控制参数与发动机各项性能参数间的影响关系，进而选取最佳控制参数。随着产品性能的不断提升，标定的内容日益复杂。早期的标定可称之为点工况标定，数量相对较少，近年来车辆的排放和经济性达标法规通常是基于循环的，而且还有随机抽样点，使得标定数据量成倍增长。

通常这种标定模式的工作流程为：采用专用的标定软、硬件工具，工程师在标定过程中实施各种参数调节的操作，并随时观察控制参数和发动机性能参数的变化。在完成这些标定所需要的准备工作后，工程师将发动机设置在某一工况，对发动机进行人工调整，使其稳定在该工况，然后记录该工况下发动机的各种响应特性参数。完成该工况点标定后，人工切换到下一工况点，直到完成全部工况测试。之后，标定工程师处理记录下的各种参数数据并生成报表曲线，最后根据这些试验结果找出各种工况下发动机的最优控制参数。因此，手工标定方式要求标定工程师具有较丰富的工程经验，且对发动机及其电控系统的软件系统有充分的了解。整个发动机参数标定过程非常复杂，需要平衡各参数间的影响并兼顾稳态和瞬态特性，在实际生产过程中，受开发周期及投入的限制，单纯依靠手动标定在实际研发中几乎难以完成任务。

由上述分析可见，手工标定方式需要耗费大量人力，特别是标定结果受制于工程师的经验水平，不同工程师的标定结果差异性很大。另一方面，手工标定的方式决定了该标定过程是建立在大量台架试验的基础上的，对于多种标定样机或者是相同样机不同的标定试验平台，对试验条件的一致性要求很高，换言之，这种标定方法获得的标定结果的适应性较差。随着车辆开发换代速度的加快，对于动力总成系统的开发周期和成本也在不断压缩，面对这种形势，传统的手工标定方式缺乏科学性，成本较高，标定效率很低，难以完成目标任务，在标定技术的发展过程中逐渐被许多新的标定方式所取代。

1.2.2 自动化标定

针对手工标定面临的问题，近年来在工业应用中出现了自动化标定技术，这种技术可以大幅度地提高标定效率，从而缩短动力总成的开发周期，因此受到诸多研究机构和厂商的青睐。所谓自动化标定是建立在自动化试验台架的基础上将优化计算和试验过程结合起来，可以先通过优化算法设计试验，而后通过试验控制台与动力总成（或者部件）控制系统进行参数交互，从而自动完成试验过程的参数扫描，并在试验过程中自动记录数据，优化分析试验结果，从而使控制系统自动获取目标约束下的控制参数。采用这种技术，在离线层面就可以完成数据的寻优，在线层面可以实现"无人值机"的寻优标定操作，使得工作效率得以提升。

1. 国外自动化标定系统

国外自动化标定系统通常由动力总成测试设备集成提供，如 Horiba 公司的 STARS、AVL 公司的 CAMEO 以及 FEV 公司的 MORPHEE 等。自动化（含标定）系统的提出，一方面是动力总成复杂控制带来的参数调整的需求，另一方面，从测试设备来说，测试台架需集成不同供应商或品牌的设备。搭建或升级测试台架时，如何通过一套控制系统来集成所有台架设备，保证控制系统实时性，且用户界面友好，要同时实现这些目标极具挑战性。因此，需要一套能与测试台架所有设备进行通信和监控的先进自动化系统，且能够适应不同设备的配置和测试需求。基于以上，这项技术正飞速发展。

自动化标定软件实现的功能基本类似，即内嵌了试验数据优化模块并与其测试系统绑定，实现对动力总成的测试标定自动化。不同的软件又有自身的一些特色。STARS 可以一键运行复杂的试验，使测试迅速、有效，而且非常可靠。通过一个简单的用户界面，就可以运行各种发动机试验程序——从简单的手动测试到动态的自动化测试。STARS 还可以用于控制单个台架的运行，又可以作为集群服务器，使得各个实验室更加高效地运行。在这两种情况下，操作方法相同，接口相同。STARS 可确保中央服务器和集群内的其他所有工作站随时更新各种信息和数据，无论何时何地都能获得用户需要的最新信息。

FEV 推出的自动化控制系统 MORPHEE 有很多年的发展历史，宣称是市场上最灵活的系统，可以集成其他所有品牌设备。无论何种测试设备，MORPHEE 都能根据客户的工作方式，为客户提供最新的技术，缩短开发时间。MORPHEE 与其他系统相比的独特之处，在于能够在单一系统环境和计算机上执行测试系统自动化控制、ECU 标定和实时仿真。MORPHEE 适用于任何类型的被试件，如零部件、发动机、动力总成、整车等。

在研究领域，国外的高校和研究机构的主要研究工作集中在标定算法和模型方面的研究，比如亚琛工业大学的 Pischinger 教授，在研究发动机的标定中，仍然侧重于热力循环中

热-功转换的模型研究；克莱门森大学的先进动力总成研究组，在标定方面的研究主要是利用优化的算法来提高标定的效率。

2. 国内自动化标定系统

由于国内动力总成电控系统商业应用起步较晚，与其配套的电控系统自动标定工具较国外出现的也相对较晚。2003年，以成都威特公司的发动机监控标定系统（Engine Monitor and Calibration System，EMCS）为代表的国产标定工具正式进入市场，也标志着国产电控系统开始走向实际商业化的工程应用。EMCS将控制器中的程序和标定系统的配置文件整合在一起，功能与CANape和INCA相似。清华大学与北京易控科技有限公司联合开发了基于ASAM-MC标准的国产标定工具（ECTKE Calibration System，ECKA）。该工具基于CAN总线接口，符合CCP协议，可满足PC和控制器之间的上下位机的数据通信要求，且符合ASAP2规范的文件格式，能基本满足数据的通用性要求，可进行实时监控等。近年来，国内的测试设备提供商也在推出自己的自动标定系统，并且与国际标准接口接轨，如湘仪FC2005测控系统通过串口、CAN总线等连接方式与测功机、油耗仪、尾气分析仪等其他测试设备通信，控制外部设备动作，同时记录各个传感器的数据，可以与控制台上的优化工具通信，完成自动扫描工作。随着我国汽车工业的飞速发展、汽车电子技术研究水平的不断进步以及自主化能力的持续提升，相信在这一领域会逐渐达到国外同类产品的技术水平。

1.3 基于模型标定技术的发展

如前文所述，自动化标定大大提高了标定效率，缩短了开发周期，因而自动化标定成为现在动力总成开发中的主流技术之一。而在自动化标定中将会用到标定对象模型或者标定优化算法模型，采用这种技术的标定方法，可被统称为基于模型的标定，是自动标定的核心技术。基于模型的标定完全改变了标定的技术模式，不再采用以往基于经验或者是进行大量试验的数据扫描寻优的方法，而是从深层次解读标定对象的工作特性，以及数据优化所采用的理论方法，从而使动力总成电控系统的标定成为坚实理论支撑下的工程实践。

1.3.1 基于模型标定技术发展状况

早在20世纪80年代，为提高标定的质量，工程师就在传统手工标定的基础上引入了数学方法，对大量的试验数据进行建模以获取回归模型，进而掌握试验数据的趋势。由于这种拟合建模数学方式的引入，工程师可在较少试验量的基础上获取发动机的响应模型，从而可以在某些特定范围内预测发动机的性能。

在此基础上，将优化理论引入发动机及动力总成的电控系统控制参数标定中，以此来寻找最佳的标定"路径"，使控制对象在一定约束下达到最佳性能，这种对试验数据进行拟合建模，并在建立的回归模型的基础上进行控制参数优化的方法就是基于模型的标定。另一类基于模型的标定，是采用硬件在环仿真技术，将复杂的标定对象模型在实时仿真机中运行，宛如真实的设备在运转，采用真实的电控单元采集转速、冷却液温度、进气压力等实时信号，输出喷油及点火信号"控制"实时对象，从而实现与真实运行几乎相同的效果。借助这一技术手段，可以对控制系统中的复杂逻辑及动态过程参数进行标定，其效果与真实试验更加贴近一步，这种基于模型的标定技术也被称为"虚拟标定"。

由于此技术的广泛采用，许多通用计算软件也提供了基于模型的标定工具箱（Model Based Calibration，MBC），作为软件工具的一部分可以独立使用或者联合其他软、硬件工具使用。2000年后基于模型标定的应用通过研究机构向各大厂商推广，得到广泛的行业认同。如德国IAV公司联合一些厂商及研究机构，每两年召开一次以基于模型标定技术为主题的研讨会。各类在实际对象中的标定案例也有很多的报道，且随着不同阶段排放方法和油耗控制要求在不断完善。对于虚拟标定技术，近年来越来越受到各类研究及咨询机构的重视，AVL、ETAS也都竞相推出自己的虚拟标定工具或者技术服务。

在国内动力总成的开发中，许多研究机构和厂商如清华大学、吉林大学、一汽集团等，开展了基于模型标定技术方面的研究。应用遗传算法、神经网络等建模方式，在一定程度上促进了基于模型标定技术在国内的发展。基于模型的虚拟标定方法近年来也随着实时硬件的发展而迅猛发展，北京理工大学在"十三五"期间完成了采用dSPACE硬件在环平台的某重型动力总成参数的虚拟标定，同济大学、玉柴集团也开展了类似的工作。综上，基于模型的标定采用标定"前置"的技术手段，大大缩减了实际试验标定工作，成为目前标定的核心技术支撑。

1.3.2 基于模型标定技术内容

常规基于模型标定的主要技术内容包括试验设计、获取发动机性能数据、统计建模和优化控制参数，其流程如图1-2所示。

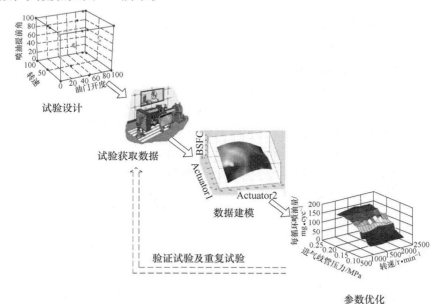

图1-2 基于模型标定技术流程

根据模型所需的数据来源，基于模型标定方法一般可分为两类。

第一种是通过台架试验来获取动力总成的性能数据。选取合适的试验设计方法给出试验工况点，然后依据试验工况点进行台架试验，运用数学方法建模获取发动机数据模型，最后进行优化。

第二种是利用计算机仿真工具来获取动力总成的性能数据。近年来，计算机技术的发展使得动力总成建模得到长足进步，可以利用对象建模软件根据能量守恒定律、热力学和流体力学方程，建立复杂的发动机、变速器、电池或者电机模型。该种基于模型的标定方式在试验设计之后，采用上述物理建模软件对标定对象建模，并利用部分试验数据校核模型的精度，从而对其余试验工况点进行计算，获取发动机的性能数据库，之后进行数学建模并优化获取系统的控制参数。相比台架试验获取的性能数据，仿真的方式具有可重复性强、节省人力和物力、速度快等优点，在一定精度要求范围内可以替代部分试验工作。

虚拟标定的技术内容主要包含标定对象物理模型建立、实时仿真硬件平台搭建、标定对象模型实时化裁剪与下载、标定上位工具连接等。由于这种标定技术获得的控制参数与实际应用场景已经非常相近，可对真实的电控系统完成大部分预标定工作。

在上述各项技术环节中，实时仿真硬件平台和上位标定工具日益成为标准化产品，供应商很多，其可以装载的模型接口也很丰富，因而虚拟标定的核心是实时标定对象的建立。以AVL 开发的基于模型的发动机优化标定系统（Model Based Engine Optimization，MOBEO）为例。首先，利用其发动机开发工程经验，采用半经验-半物理的建模方式，结合物理建模和经验建模各自的优点，形成了分别用于柴油机、汽油机气缸模拟的 MOBEO Cylinder 模块，以及专门用于模拟尾气后处理系统的 MOBEO EAS 模块。该系统利用其丰富的产品数据库，实现了对复杂过程从物理模型到经验模型的转化，从而提高了对象应用的实时性，且这些反映复杂标定对象特性的模块集成到其车辆及动力总成仿真系统 AVL CRUISEM 中，可用于开展车辆各项性能的标定。

报道 AVL 虚拟标定技术可用于发动机、动力总成及整车动力性、经济性和排放性能的电控参数预标定；非标准环境条件下的预测和标定，大幅度减少对环境舱的依赖；瞬态过程的预测和标定参数的修正；进行 OBD 功能检测；分析产品一致性对控制效果和鲁棒性的影响；考虑部件老化的影响分析等场景。在其应用案例中提到，虚拟标定用于车辆驾驶循环下的发动机油耗和排放的预测，采用 CRUISEM 的物理元件搭建传动系统和发动机的进排气路，MOBEO 则负责进行发动机瞬时油耗和排放量的计算，这样可以非常方便地进行不同驾驶循环、匹配不同车辆、不同传动系统配置下的性能预测和标定。某欧洲知名的重卡企业希望采用虚拟标定技术减少高原试验量和对环境模拟舱的占用，也利用了 MOBEO 的气路模型和各燃烧模型。综合以上，在对象建模和硬件实时计算能力不断提升的背景下，虚拟标定的应用将会愈加广泛。本书将以重型动力总成的性能为例演示自行开发的虚拟标定系统在实际工程中的应用。

综合国内外动力总成标定技术的发展分析，该技术正从手工走向自动，从经验标定走向模型标定，从依赖试验标定向利用高精度标定对象模型的虚拟标定发展。随着车辆动力系统性能要求的不断提升、开发周期及效率要求的不断严苛，对于电控系统的标定工作日益成为一项耗费巨大的关键工作，通过采用先进高效的标定技术，必将有力支撑车辆动力总成系统的研发，迈上新的台阶。

第2章

动力总成标定流程概述

动力总成的各项性能不是取决于发动机、变速器等部件是否分别运行于最优的控制参数状态下，而是取决于各部分能否在相关控制参数最佳的匹配组合下进行工作。随着人们对动力总成的排放、经济性等指标的要求越来越高，以及发动机和变速器的电子控制系统日益复杂，需考虑对发动机和变速器进行系统层面的控制。动力总成综合控制技术集车辆理论、电子技术、控制理论、传感器技术等理论与技术于一身，将发动机与变速器视为一个整体来设计和开发，使得两者在工作过程中配合更加密切。系统功能的复杂和性能要求的严苛，一方面带来控制系统的参数爆发式增加，另一方面，也带来了标定工作量的骤增及标定参数间的耦合问题日益突出。因而，对于动力总成电控系统的标定，通常是从部件（基础标定）到整机（台架标定），从整机台架到装车适配，再到最后的环境适应性标定，这种典型的标定流程的基本步骤如图2-1所示。

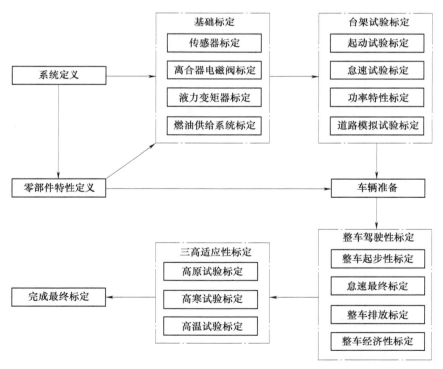

图2-1 动力总成电控系统基本标定流程

动力总成基础标定是通过试验获得输入和输出的特性参数，输入主要包含各类传感器的特性标定，输出主要为执行机构标定，包括发动机燃油供给系统、变速器各类电磁阀特性标

定等。动力总成台架试验标定是在台架上对动力总成的各种工况进行数据优化，主要包括起动试验标定、怠速试验标定、功率特性标定、道路模拟试验标定等，其中道路模拟试验标定通过测功机模拟道路工况实现自动加载，动力总成实现自动油门控制的调整标定，实际是在模拟车辆的使用状态。整车标定是在实车环境下的最终性能调整，主要包括动力总成搭载车辆后的各项驾驶性能调整标定和三高适应性标定等，其中，驾驶性能调整标定包括整车起步性标定、整车怠速标定、整车排放标定、整车经济性标定等，三高适应性标定包括高原试验标定、高寒试验标定和高温试验标定等。总体来看，标定的参数越往后阶段越少，大量性能标定试验应该在装车前完成。

2.1　基础标定概述

2.1.1　传感器标定

动力总成传感器包括发动机、液力变矩器和变速器等部件对应的传感器，基本传感器组成如图 2-2 所示。不同类型的动力总成，传感器会有所差异，如通常轻型乘用车的传感器数量往往少于重型商用车，特种用途的动力总成往往采用更多传感器，甚至是冗余。

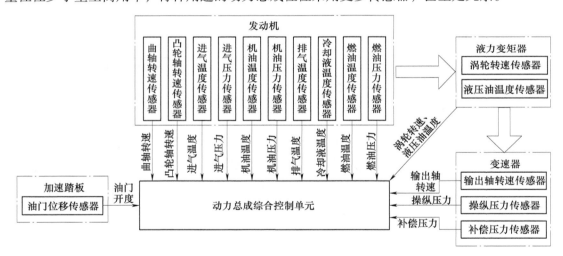

图 2-2　动力总成典型传感器组成

传感器标定，是指通过试验建立传感器输出与输入之间的关系并确定不同使用条件下的误差的过程。传感器标定是设计、制造和使用传感器的一个重要环节。任何传感器制造、装配完毕，都必须对设计指标进行标定试验，以保证测量值的准确传递。对于新研制的传感器，须进行标定试验才能用标定数据进行测量值传递，而标定数据又可作为改进传感器设计的重要依据；传感器使用、存储一段时间后，也必须对其主要技术指标进行复测，称为校准。校准和标定本质上是一样的，以确保其性能指标达到要求。对于出现故障的传感器，若经修理还可以继续使用，修理后也必须再次进行标定试验。

传感器标定基本方法：将已知的被测量作为待标定传感器的输入，同时用输出量测量环节将待标定传感器的输出信号测量并显示出来；对所获得的传感器输入量和输出量进行处理

和比较，从而得到一系列表征两者对应关系的标定曲线，进而得到传感器的性能曲线。

根据使用的标定设备种类，传感器标定分为绝对标定法和相对标定法（或比对标定法）。绝对标定法是指使用高精度设备测量传感器指标；相对标定法是指使用以绝对标定法标定好的标准传感器测量传感器指标。前者精度较高，但较复杂；后者简单易行，但精度较低。根据标定的内容，传感器标定分为静态标定和动态标定。静态标定主要确定传感器的静态指标，主要包括线性度、灵敏度、迟滞和重复性等；动态指标确定传感器的动态指标，主要包括时间常数、谐振频率和阻尼比等。

2.1.2 执行机构特性

1. 发动机燃油供给系统标定

发动机燃油供给特性的标定是指控制信号与燃油执行机构输出特性，也就是向气缸内供油量的关系，对于汽油机可以是喷油器的特性，对于柴油机也可以是油泵或者高压喷油器的特性。以柴油机电控单体泵燃油系统为例，需要获得单体泵控制角度与油泵供油量的关系，因而开展相关的部件特性试验可以获得这种关系，如图2-3所示。可以看到，一定转速下，随着实际供油角的增加，循环供油量呈现线性增大的趋势。选取多组

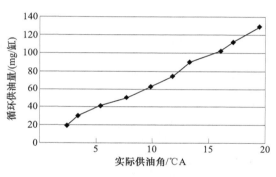

图 2-3 单体泵燃油系统特性

转速，就可以获得整个执行机构的特性，对于控制系统，可以将这一特性写入控制器中，从而完成发动机的基本喷油量 MAP 的制取。

电控系统实际给出的角度要大于图2-3所示的实际供油角度，因为这其中有一些延时的环节。这种延迟是指从电控单元给出控制信号到供油系统向缸内提供燃油需要一定的时间，研究中称这种延迟为电-液-机械延迟。一般认为，电磁阀控制式燃油喷射系统的供油延迟由电磁阀的电磁力变化延迟、机械延迟和油路内液力延迟3部分组成。这段时间的准确测量是实现电控单元对执行器精确控制的重要前提。通过测量针阀的开启时刻来确定这一参量最为准确和合理，但这种传感器较为昂贵，安装难度也较大，标定试验中采用压电式信号测量

装置来测取单体泵泵端的出口压力变化以确定延迟量。忽略高压油管中压力波动的影响，则测量值与实际延迟值只相差针阀开启的时间，可以近似认为是系统总延迟。

通过测试控制系统发出信号与上述出口压力信号的时间差，就可以标定这种延迟关系。如图2-4所示，随发动机转速的提高延迟角也在加大，在额定功率点最大的延迟角也只有10°CA多，小于通常的长管供油系统，

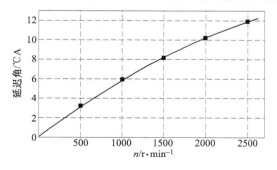

图 2-4 供油延迟角特性标定

这点符合单体泵短管供油系统的特点；另外，曲线呈现一定的非线性度，表现为速度小的时候斜率大而速度较大的时候斜率变小，这主要是因为曲线是 3 种延迟效应相互作用的结果。如果认为电信号延迟与电磁阀开启的时间是一定值，则延迟角与转速的对应关系主要是系统液力延迟造成的，即在低速时燃油压力在油路中传播较慢，而高速时则变快。

2. 离合器电磁阀标定

在变速器中通常采用电磁阀控制离合器的接合或者分离来控制换档，因而需要进行离合器特性的标定，为换档控制奠定基础。离合器标定内容包括电磁阀的占空比（Pulse Width Modulation，PWM）值、离合器的低档分离判断点、离合器的高档接合判断点、离合器的填充时间和填充速率等。电磁阀的 PWM 初值、电磁阀的 PWM 终值、离合器的低档分离判断点、离合器的高档接合判断点可以根据分析低档和高档试验数据进行确定，这些控制参数的标定不需要进行换档操作就可以确定，属于换档过程控制参数预标定。对于可以测量到离合器油压的自动变速器，填充时间、填充速率可以根据离合器油压的变化过程确定。

1）电磁阀的 PWM 值。电磁阀的这项特性指标标定包括 PWM 初值、PWM 终值、待分离离合器电磁阀 PWM 临界值、待分离离合器电磁阀 PWM 上升速率和待接合离合器空载对应电磁阀 PWM 值。

初值和终值对应于低档阶段和高档阶段电磁阀的 PWM 值。对于不同的换档过程，不同电磁阀控制的离合器可能是待分离离合器也可能是待接合离合器，所以对于不同的换档过程，初值和终值是不同的。换档结束后为了保证离合器传递转矩时有一定的转矩储备，防止遇到突变载荷时离合器打滑，终值一般为离合器油压等于主油压时对应的 PWM 值。

进入换档过程，待分离离合器电磁阀 PWM 从初值跳变为待分离离合器电磁阀 PWM 临界值，目的是在保证低档离合器不打滑的情况下，为转矩相高、低档离合器的搭接控制做好准备。待分离离合器电磁阀 PWM 临界值标定方法为：设定待接合离合器电磁阀 PWM 值为初值，待分离离合器电磁阀 PWM 临界值从初值开始逐渐增加，当速比达到低档分离判断点时，则此时 PWM 值即为待分离离合器电磁阀 PWM 临界值。

待分离离合器电磁阀 PWM 上升速率决定了待分离离合器油压的下降速率，进而决定了是否能够实现理想的转矩相搭接控制。待分离离合器电磁阀 PWM 上升速率标定原则是使离合器分离时间小于等于目标转矩相时间。待分离离合器电磁阀 PWM 上升速率标定方法为：设定待接合离合器电磁阀 PWM 为电磁阀初值和待分离离合器电磁阀 PWM 临界值为标定值，待分离离合器电磁阀 PWM 上升速率从 0 逐渐增加，当离合器分离时间等于设定值时，选定上一个 PWM 上升速率为待分离离合器电磁阀 PWM 上升速率。

待接合离合器空载对应电磁阀的 PWM 值可以保证待接合离合器油压克服离合器回位弹簧弹力并压紧离合器，为转矩相缓冲升压阶段控制做好准备。标定待接合离合器空载对应电磁阀 PWM 值时，自动变速器采用动力中断换档方式，待分离离合器电磁阀 PWM 值设为电磁阀终值，当待分离离合器完全分离时，待接合离合器电磁阀 PWM 值从初值开始逐渐增加，当输出轴转速开始上升时，选定当前的 PWM 值作为待接合离合器空载对应电磁阀 PWM 值。

2）离合器低档分离判断点和高档接合判断点。低档分离判断点是低档离合器开始滑摩的判断点。当传动比变化到低档分离判断点时，控制程序就判断进入惯性相。进入惯性相后待分离离合器迅速分离，待接合离合器逐渐接合。一般选择该值尽量接近低档传动比，但同

时还需要考虑传动比的波动。高档接合判断点是高档离合器从滑摩状态转变为静摩擦状态的判断点。该值选择标准与低档分离判断点相似，一般选择该值尽量接近高档传动比，同时也需要考虑到传动比的波动。

3）填充时间标定。一般情况下，离合器是以最快的速率进行填充过程的，所以填充过程需要标定的参数实际上只有填充时间，而填充时间需要根据不同的档位具体标定。标定填充时间时，自动变速器采取动力中断换档方式，设定待分离离合器电磁阀 PWM 为电磁阀终值，当待分离离合器完全分离时，设定待接合离合器电磁阀空载对应 PWM 值为标定值，设定待接合离合器电磁阀填充相 PWM 值为电磁阀终值，待接合离合器填充时间从 0 开始逐渐增加，当输出轴转速开始上升时，选定当前填充时间为待接合离合器填充时间。

2.2　台架性能标定概述

2.2.1　起动性能标定

动力总成的起动控制标定，主要承载对象是发动机，通常的策略为：首先，控制器判断发动机是否起动，当发动机转速高于起动机拖转转速并且起动抑制信号关闭，发动机进入起动工况，然后由转速查表得发动机基本喷油矢量（含油量、正时等），由冷却液温度查表得发动机喷油量修正量，由基本喷油矢量和冷却液修正量得到最终目标起动供油控制信号。当发动机转速高于怠速目标转速时，发动机离开起动工况，进入怠速工况。起动抑制信号是为了在不具备起动条件的情况下，抑制发动机的起动，比如变速器的档位不在空档 N（或者驻车档 P）、发动机需要进行预热操作等环节，这种情况下抑制信号有效，即使操纵发动机起动开关也不会触发起动机拖转。动力总成起动控制的基本策略如图 2-5 所示。

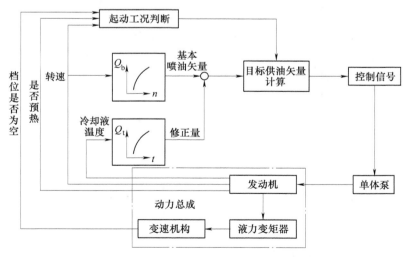

图 2-5　起动控制的基本策略

起动特性标定通常分为低温、中温及热机起动。起动性能的优劣取决于起动发动机所需要的拖动时间、起动可靠性等指标。在起动标定试验中，通常以动力总成的形式进行测试，可以为台架状态，也可以是装车状态。低温起动试验，动力总成在低温环境下（温度视不

同的发动机及用途，依据相关标准设定）冷浸（含蓄电池及燃油供给系统），以某型柴油动力总成为例，低温设定为 263K，待蓄电池电解液、冷却液及润滑油温达到规定的环境温度±1K时，即可开始低温起动试验。中温试验需要将发动机进行热机，待冷却液温度达到 361K±5K 后，怠速 10s，停机 120min，环境温度不限，即可开始中温起动。高温试验待冷却液温度达到 361K±5K 后，怠速 10s，停车 10min，环境温度不限，即可开始热车起动。

起动试验时，变速器置于空档。起动机通电拖动发动机，气缸内着火工作，转速升高，迅速断电，通电时间（亦称拖动、起动时间）不得超过 15s，发动机能自行运转 10s 以上不熄火，则认为起动成功。在拖动及自行运转期间不得操纵发动机。若起动失败，在 3min 内继续进行下一次起动；低温起动时需待冷却液、润滑油及电解液达到规定的环境温度，方可进行下一次起动。

标定试验需要测量数据有起动失败次数、起动成功的拖动时间、环境温度和进气状态；起动机和蓄电池的最低工作（即拖转时的）电压、拖动及自行运转的发动机转速、起动电流、进气管绝对压力等与时间的关系曲线；起动前冷却液、各种润滑油及电解液的温度，燃油标号等。

对于已经完成匹配设计的动力总成，在不同环境下，特别是在低温环境下，主要需要标定起动喷油量、喷射正时、喷射模式（单次、多次）以及带电子点火的发动机的点火正时等参变量，标定（反馈量）主要有起动的时间、可靠性，转速过冲量等参数，同等条件下，起动中使用油量越少，对于初始排放及车辆经济性越有益处，但是与起动可靠性通常有一定矛盾。依据不同的环境状态、供电特性、带载情况等，开环的起动标定工作量很大。车辆起动是最基本的功能要求，因而此项标定十分重要。

2.2.2 怠速性能标定

1. 发动机怠速控制

发动机怠速控制采用增量式比例-积分-微分（Proportional-Integral-Differential，PID）控制，通常只采用 PI 控制。可以依据不同的冷却液温度及带载情况，设定目标转速，在发动机起动成功后，采集实际发动机转速，两者进行实时比较，然后经过 PI 计算得到此时刻的怠速油量。动力总成怠速控制策略如图 2-6 所示。

当前输出油量 $u(k)$ 等于上一次油量 $u(k-1)$ 加上本次调整油量，即

$$u(k) = u(k-1) + \Delta u(k) \tag{2-1}$$

经过 PID 计算，本次调整油量 $\Delta u(k)$ 为

$$\Delta u(k) = P\Delta e(k) + Ie(k) \tag{2-2}$$

其中，转速误差 $e(k)$ 为发动机目标转速 n_{aim} 与发动机实际转速 n_{real} 之差，即

$$e(k) = n_{\text{aim}} - n_{\text{real}} \tag{2-3}$$

2. 动力总成怠速性能标定

动力总成怠速性能标定的目的是评定发动机带动变速器状态下的怠速稳定性，必要时可对初步标定的发动机怠速控制参数做进一步的调整。这种标定试验可在发动机低温冷机及热机状态下且无外界负荷时开展，评定发动机怠速运转的转速波动量及稳定性（不能出现怠速中自行熄火及"游车"的现象）。与起动性测试相同，可以进行动力总成独立状态或者装车状态的测试标定。试验开始，不再操纵发动机油门，任其自行运转。

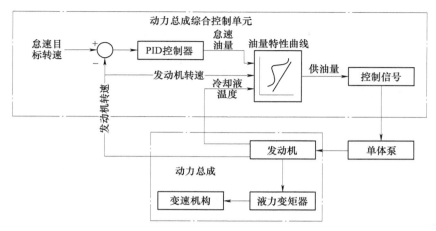

图 2-6 动力总成怠速控制策略

低温与高温的状态与前文的起动标定类似，可参考国家标准或者因不同的项目需要设定。低温标定测试时，同样将动力总成连同蓄电池等陪试件冷浸于低温舱中，待蓄电池电解液、冷却液及润滑油油温达到规定的环境温度±1K，起动机停止拖动后，发动机能自行运转，即开始低温冷机怠速试验。变速器置于空档，动力总成运行20s，终了时测量数据。热机怠速试验在40%～80%的额定转速下运行，待冷却液出口温度达到设定的目标高温态时，油门回到怠速工况的位置，环境温度不限，即开始热机怠速试验。试验中若遇发动机熄火，立即起动，进入试验工况再运转20s，只记录熄火次数，不记录拖动时间。怠速试验需要测量的数据有进气管绝对压力或真空度、怠速（或高怠速）转速、燃料消耗量、点火提前角、喷油（或供油）提前角，以及发动机的最高、最低及平均转速，熄火次数，是否存在"游车"等不稳现象。

依据上述测试数据，现场判断动力总成怠速控制的性能，进而判断是否对发动机怠速标定获得的特性数据进行进一步修正。

2.2.3 动力总成基本特性标定

起动、怠速后，动力总成需要完成动力性、经济性和排放特性的标定，这些特性也是动力总成与车辆进行适配的基本特性。

1. 动力总成动力性台架试验标定

动力总成的动力性指标与车辆的动力性指标有着密不可分的关系，车辆动力性评价指标主要有最高车速、加速时间及最大爬坡角等。要满足这些指标，主要考虑发动机特性和换档控制以及二者之间的协调匹配关系，最终通过系统标定完成相应的技术指标。

发动机特性标定是车辆动力总成标定中最为重要的环节，通常包含外特性标定、负荷特性标定和万有特性标定。这部分标定直接决定车辆的排放特性，也是车辆经济型和动力性优异的基础，这部分标定结合传动系统的特性标定，最终决定车辆动力总成的性能。

外特性标定主要评定发动机在全负荷工况下的性能指标，是发动机动力的最大输出控制线。标定方法是油门全开，在发动机工作转速范围内，依次改变转速进行测量，适当地分布8个以上的测量点，所测量的参数有转速、转矩、燃油消耗、进气状态、排气温度、喷油提

前角等。图 2-7 所示为发动机外特性曲线示例。在设计性能可达的前提下，采用电子控制发动机外特性标定实际是对外特性的"整形"，比如可以标定为图 2-7a 所示的"双峰"特性，可兼顾车辆的低、高速加速性能，还可以标定成 2-7b 所示的"恒转矩"特性，使车辆在大范围内表现出良好的动力性。甚至，很多厂家在配置几乎相同的情况下，人为通过标定，得到所谓的"高/低功率版"发动机。

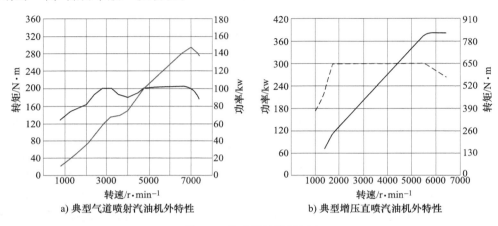

a) 典型气道喷射汽油机外特性　　　　　　b) 典型增压直喷汽油机外特性

图 2-7　发动机外特性标定

通过多组发动机的速度特性或者负荷特性可得到发动机的万有特性，这个特性是动力总成匹配的重要依据。一方面万有特性反映了发动机工作的全貌，无论发动机与传统动力，还是电机等新能源动力匹配，都需要该特性；另一方面，发动机自身特性的标定，也需要在该特性图上，依据发动机的不同用途，对所"关心"的区域进行重点标定，从而获得期望的性能。

以某重型车辆柴油动力总成动力性标定为例，系统的动力从发动机流出，分两路，一路流向冷却风扇等辅助设备，另一路经过液力变矩器和变速机构，流向车辆的行动部分。从动力总成的角度出发，车辆的动力性影响因素来自于发动机、液力变矩器和变速机构三个主要部分。对于发动机，车辆的动力性影响因素有喷油量、喷油提前角、调速特性等；对于液力变矩器，车辆的动力性主要影响因素是机械和液力工况解闭锁点；对于变速机构，车辆的动力性影响因素是换档点。综上所述，动力总成动力性台架试验标定内容包括发动机外特性、调速特性、变速器的动力性换档规律和液力变矩器解闭锁规律，具体的标定流程如图 2-8 所示。

进而，可进行动力单元与传动单元的动力性匹配及标定。针对目标车辆，在相关参数如变速器各档传动比、整车全重、驱动轮轮径、液力变矩器原始特性等约束下，由发动机外特性曲线和调速特性可得发动机在不同转速和负荷下的输出转矩，由液力变矩器的原始特性，可得发动机和液力变矩器共同工作特性，由变速器结构参数和各档传动比，得到各档不同油门下牵引特性曲线，由各油门相邻档位下牵引力曲线的交点作为变速器动力性换档点。进而通过计算分析得到变速器换档规律和液力变矩器解闭锁规律，并对变速器的换档规律和液力变矩器解闭锁规律进行迭代优化。于此，完成了动力总成基本动力性参数标定，获得了初始控制参数 MAP。

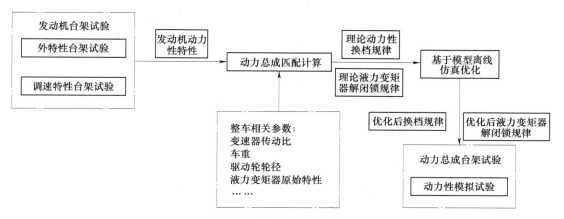

图 2-8 动力总成动力性台架试验标定流程

完成上述工作后，可在动力总成试验平台上，采用不同的加载模式，如恒转速、转矩加载或者道路模拟加载等技术手段，通过观察系统的相关动力输出指标，评判此阶段标定效果，为后续动力总成的装车适配标定奠定基础。

2. 动力总成经济性台架试验标定

动力总成燃油经济性有两种评价方法，一种是等速油耗，另一种是循环油耗。等速油耗是指车辆在一定载荷下，以最高档在水平良好路面上等速行驶的燃油消耗量，台架试验通常通过底盘测功机来进行等速模拟。等速行驶工况并没有全面反映车辆的实际运行情况。因此，在对实际行驶车辆进行跟踪测试统计的基础上，车辆的燃油经济型评价，通常通过车辆的道路循环油耗来表征。标定的基本思路也是先进行发动机经济性的标定，进而完成与传动的经济性优化匹配标定，使得总成的经济性最优。

上文提到了经济性标定通常需要以道路循环来约束，轻型车常见的有新欧洲驾驶循环（New European Driving Cycle，NEDC），NEDC 测试标准诞生于 20 世纪 70 年代，最后一次更新标准还是在 1997 年。近年来，全球轻型汽车测试循环（World Light Vehicle Test Cycle，WLTC）被广泛采用。WLTC 由欧盟、日本、美国联合制定，欧盟已于 2017 年 9 月 1 日开始使用。与 NEDC 工况相比，WLTC 测试工况更为严苛，最高车速、平均速度、最大加减速度以及加减速幅度、测试行驶时间都比 NEDC 有了较大提升，难度明显增加，且没有周期性的加速、减速，可以更好地体现在不同拥堵程度的路面车速时快时慢的实际驾驶情况。图 2-9 所示为车辆道路循环，可见新的循环在发动机工况点覆盖方面较传统循环呈现更为宽广的形态。

对于重型车辆，道路循环由于车辆的使用环境较为特殊，可以采用标准循环如世界统一稳态循环（World Harmonized Steady-state Cycle，WHSC）和世界统一瞬态循环（World Harmonized Transient Cycle，WHTC），或者针对专门用途，如各类非道路车辆，可以依据不同的使用场景自定义评价循环。仍以某重型车辆柴油动力总成为例进行说明。理论分析动力总成经济性影响因素有发动机调速特性、喷油量、喷油提前角、液力变矩器解闭锁规律和变速器的换档规律。因此，动力总成经济性台架试验标定内容包括喷油量及最佳正时、变速器经济性换档规律等。这种动力总成经济性台架试验标定流程如图 2-10 所示。

进而，可进行动力单元与传动单元的经济性匹配及标定。在目标车辆基本参数的约束

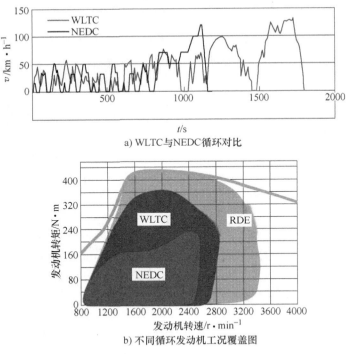

a) WLTC与NEDC循环对比

b) 不同循环发动机工况覆盖图

图 2-9　车辆道路循环（见彩插）

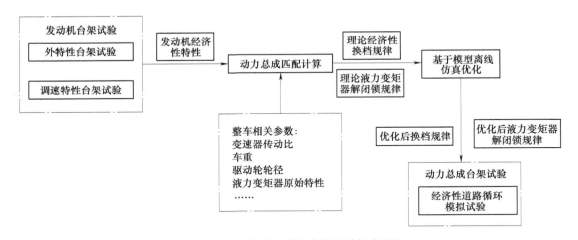

图 2-10　动力总成经济性台架试验标定流程

下，进行动力总成经济性的标定，使车辆处于各个档位做某一加速度的匀加速运动，得到车辆运行于某一加速度时各档位下的油耗量曲线，由油耗线交点作为换档点，回溯此工况点车辆的油门和车速，作为变速器经济性换档规律中的换档点。进而开展基于模型仿真优化，通过更改变速器换档规律和液力变矩器解闭锁规律，重复试车场道路循环仿真计算，对变速器的换档规律和液力变矩器解闭锁规律进行优化。在完成上述工作后，可对这种动力总成进行台架道路模拟加载试验，并通过调整动力总成相关的控制参数，使所标定的动力总成循环经济性最优。

3. 动力总成排放性台架试验标定

动力总成的排放标定是车辆性能的否决项，换言之排放不满足无法出厂，动力总成的排放特性主要指发动机的排放特性。我国的排放法规已经到了国六阶段[5,6]，是一个对于动力总成的排放限制非常苛刻的技术标准，具体表现为排放测试与车辆使用场景更加一致，标定工作量加大，无法通过"技巧"标定来满足排放法规。具体看来，有以下一些新的特征。

氮氧化物和颗粒物排放限值和国五相比分别加严了 77% 和 67%，并新增了粒子数量（Particle Number，PN）的限值要求。发动机测试工况从欧洲稳态循环和欧洲瞬态循环改为更具有代表性的世界统一稳态循环和世界统一瞬态循环。在形式检验中增加了循环外排放测试的要求，包括发动机台架的非标准循环和利用车载排放测试系统（Portable Emission Measurement System，PEMS）进行的实际道路排放测试，还增加了实际行驶工况有效数据点的氮氧化物排放浓度要求；PEMS 实际道路排放测试不仅应用于形式检验，还应用于新生产车和在用车符合性的监督检查；加严了排放控制装置的耐久里程要求，并对排放相关零部件提出了排放质保期的规定。在参考欧六车载诊断系统的基础之上，还参考美国 OBD 法规提出了永久故障码等反作弊的要求。

为了更充分地发挥 OBD 的作用，重型车国六标准首次要求车辆必须装有远程排放管理车载终端（远程 OBD）。与普通 OBD 不同的是，远程 OBD 必须具备发送监测信息的功能。有了这一功能，监管部门可以随时通过远程终端读取车辆 OBD 信息，包括车速、发动机参数、后处理系统的状态，以及 OBD 故障码等，及时判断车辆的实际排放状况和维修情况，大大提升了在用车监管的效率，有助于减少车辆的实际道路污染物排放。

以上所涉及的内容，已经远远超出发动机排放标定的基本任务，需要对发动机进行更加精细的排放标定，并保证车辆在使用期内所有的排放后处理机制和设备均不失效，同时还要满足各种 OBD 的技术要求。这些内容不仅仅是一个排放标定问题，所涉及的技术面很广，在本书中不展开讨论。

2.3 整车标定概述

2.3.1 常规性能标定

动力总成在整车适配后还需进行进一步的调整标定，主要包括车辆起步标定、急速性能标定以及车辆排放性、经济性、加速性等性能的校调，还包括与车辆操纵稳定性、行驶平顺性等相关的加速、换档过程等环节动态控制参数的标定[7]。

在台架试验标定研究中，已对动力总成的起动性进行了标定，而对于整车，动力总成的带载及起动拖动状态均有所变化，需驱动很多附件，比如发电机、取力口、制动空气泵等，受供电状态的限制，起动拖动也不一定能达到台架的状态，所以通常在规定的技术状态下，要对整车的起动性进行试验校核，从而满足相关产品的鉴定技术要求，必要时还要对起动控制参数进行细微调整，使标定后的参数满足最终装车状态的需求。

后续为急速工况。在台架试验标定中，对动力总成的急速相关参数进行了初步标定，在此处需要对整车急速 PID 参数进行最终标定，因为整车上动力总成输出轴连接车辆驱动部分而不是台架试验中的测功机，二者转动惯量具有很大差异。特别是对于一个动力总成适配多种类型车辆的场景，这种问题尤为突出，即使是在台架上已经整定好的怠速 PID 参数，也会因为与整车轴系的不匹配导致车辆怠速转速波动增大。整车的怠速标定，一方面是车辆起动后的进入怠速工况，另一方面为车辆从高速工况急速回到怠速的情形。整车怠速标定评价指标也包含转速波动、最大超调量、稳定时间等。图 2-11 所示为某型柴油机动力总成的装车状态，在台架怠速标定已经完成，装车后仍然出现"游车"的问题。利用标定工具，现场对动力总成综合控制器内的怠速控制 MAP 进行微调，标定后整车怠速试验如图 2-12 所示，并经过起动—怠速、高速—怠速的反复冲击测试，均达到稳定状态，表明整车怠速标定完成。

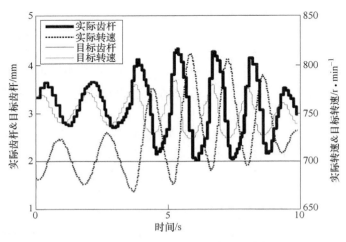

图 2-11　标定前整车怠速试验（见彩插）

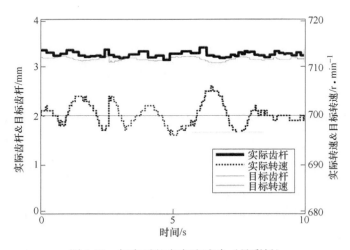

图 2-12　标定后整车怠速试验（见彩插）

整车上还需要进行起步过程的标定，这一步骤通常无法在台架上模拟，因为受不同车辆及道路条件限制，难以还原真实对发动机载荷的冲击，所以在车辆起步过程中，对于发动机的控制参数还需要进行进一步的调整。对于不同类型的动力总成，标定方法也不尽相同，对于汽油机起步过程是一个开环空燃比的加浓过程，在车辆完成起步以后，加浓过程平稳切出

并适时进行闭环控制；而对于柴油车的动力总成，在起步过程中主要是进行喷油量以及喷油正时的调节，在废气涡轮增压器无法起作用的时候，控制动力总成输出该状态下的最大转矩，从而驱动车辆平稳起步。这种起步过程的标定，与车辆的热状态及环境条件（特别是高原环境，后文有示例）十分密切，在标定过程中需要对这些参数的状态予以利用，从而使车辆在各种状态环境下都能平稳起动。

车辆的排放性能以往在台架标定完成后，在实车上基本不用进行再次标定。而近年出现的实际行驶污染物排放（Real Drive Emission，RDE）测试，是测试在车辆实际行驶过程的排放水平。国六法规对 RDE 限值的要求增加了动力总成的开发难度。实际行驶污染物排放，是指车辆在实际道路上行驶时的污染物排放。传统排放试验都是在实验室中进行，实验室环境恒温恒湿、转鼓阻力和坡度恒定，试验中有固定的车速曲线跟随。而 RDE 试验则在外面环境道路上，根据实际路况行驶，环境温度、风阻、路面坡度等都不可控，且路试驾驶时交通路况复杂，对试验影响很大。RDE 试验与传统排放试验完全不同，影响因素更多，每次试验无法复现。RDE 的排放测试和认证都是在实际道路上进行的，法规要求在路试时需要有采集气态排放物、颗粒排放物、发动机排气流量等基本参数的便携式排放测试系统，还需要有温度、湿度、OBD 端口（非必需）等辅助数据用于对排放污染物的结果进行修正和RDE 里程评估。根据详细的道路试验规范，在实际路面驾驶过程中，通过便携式排放测试系统进行排放测试，重点监测氮氧化物和颗粒污染物。这部分测试完成后，如果出现排放超限的问题，则需要进行数据分析，并在台架上进行标定调节，进而再次进行循环测试。

整车动力性评价指标有车辆最大车速、加速时间以及相应的测试标定试验。加速性通常用从静止加速到某一规定车速的时间来考量，在测试操作流程一致的前提下，这项性能指标与发动机额定转矩点位置、变速器换档策略等有着密切的关系。对于这一指标的标定，通常是上述两者关系的标定，如果发动机的转矩点位置几乎无法调整，则仅能在变速器换档策略方面进行调整，裕度相对较小。近年来，随着增压器在各类发动机上的广泛采用，车辆的加速测试，需要充分考虑增压器对于气路带来的迟滞影响，一方面在油量增加控制要考虑这一因素，另一方面有些发动机上带有主动调节装置，比如可调增压器或者电辅助增压器，在加速过程中还要协调这些环节的参数标定。

最大车速从另一个维度方面展示了车辆的动力性，在符合试验条件的道路上，根据试验车辆加速性能的优劣，选定充足的加速区间，使车辆在驶入测量路段前达到最高的稳定车速；试验车辆在加速区间以最佳的加速状态行驶，在达到测量路段前保持变速器在车辆设计最高车速的相应档位，完全踩下加速踏板。通常最高车速可能会在理论设计车速周围，往往实际值偏大，这时如果需要进行标定干预，会人为进行最高车速限制，也就是所谓的"电子限速"。如果无法达到最高车速，则往往需要在设计上进行重新匹配，在发动机采用实际外特性的前提下，无法通过标定解决这类问题。在车辆的实际使用中，鲜有最高车速的应用场合，而近年来随着混合动力的兴起，车辆的最高车速测试，往往还要考虑电机及电池的介入等问题。

对于装有液力变矩器的动力总成，加速过程测试标定通常按三个阶段实施，第一阶段是指车辆挂上起步档，发动机转速随着供油量增加而增加，转速到达一定的数值时，使得发动机沿着外特性净转矩等于液力变矩器的负载转矩，开始起步。第二阶段是发动机沿着外特性加速，使发动机净转矩与液力变矩器的负载转矩处于平衡状态，进行共同工作。第三阶段是

指换档阶段。因此，装有液力变矩器的车辆加速性能影响因素有发动机外特性喷油量、喷油提前角、液力变矩器解闭锁规律和变速器换档规律。由于液力工况自身有转矩放大的作用，所以在加速测试中，一方面其基本设计特性决定了车辆加速性，另一方面，对于极限加速标定测试，对变矩器的闭锁点也需要进行标定。

整车经济性不仅取决于动力总成相关参数如发动机喷油量、正时、液力变矩器解闭锁规律和变速器换档规律等，还取决于车辆所试验的道路状况。民用车辆多工况循环油耗试验对于循环试验状况有明确和统一的规定，所以车辆之间经济性具有可比性。然而，实际情况是采用真实车辆的道路循环经济性测试在测试的一致性方面几乎无法保证，所以车辆的经济性测试通常在底盘测功机上进行，通过道路及环境模拟来进行经济性标定测试。这项标定内容在实车上很难进行大的标定调整。换言之，标定裕度小，主要是匹配影响。

车辆的舒适性也是一项重要的标定工作，特别是乘用车，这项标定属于车辆噪声、振动与声振粗糙度（Noise、Vibration、Harshness，NVH）控制的一部分。通常是对车辆振动，特别是在动力传递过程中纵向振动的抑制。这类标定通常是协调各动力源及动力传递环节，使转矩输出平顺，可理解为换档过程的协调控制和参数标定，这方面的研究工作也很多。

2.3.2 环境适应性标定

常规性能标定完成后，车辆已经满足了各项设计指标，更进一步的测试标定为车辆的环境适应性标定，也就是通常所说的"三高"标定，即高海拔、高寒和高温环境的参数标定。依据车辆对环境的感知能力，需要对这些环境下的控制参数进行进一步的标定。

在高原环境下，由于大气压力的下降，导致发动机工作过程中的进气量减少，同时进气行程终了时的温度和压力降低，这些因素的综合作用会引起动力总成的动力性、经济性下降，排放性能恶化，也会导致车辆起动困难。因此高原标定主要包含起动标定以及车辆动力性的标定。对于起动过程，主要控制参数有起动油量、起动正时、起动油量高原修正、起动正时高原修正、冒烟极限油量或者空燃比限制。最终希望通过标定实现发动机可以顺利起动并平稳过渡至怠速工况。这里需要指出的是，无论对于汽油机还是柴油机，在起动过程进行加浓或者增加油量的操作，都考虑了进气的影响，因为在实际研究中发现，过度的加浓反而会带来起动的更加困难。对于动力性的标定，主要是依据进气量的限制，限制输出转矩，使得在不同海拔，能输出其最大转矩驱动车辆；另外，由于环境的变化，对于车辆（特别是商用车）排气温度保护限制、增压器进气压力保护限制也需要进行相应的调整，从而适用于高海拔环境下的发动机保护。

高寒环境的标定主要是起动标定。由于低温引起发动机起动时的摩擦转矩增加、蓄电池的电压下降、燃油供给系统的供油延迟等不利的起动条件，需要面对这种极限工况开展相应的标定工作，以保证车辆的低温机动性。一方面对依靠发动机自身能够完成起动的状态进行确认和控制参数调整，另一方面对动力总成上带有起动辅助措施的情况，还需要对这些辅助设备的控制参数进行标定，从而配合车辆进行正常起动。

高温环境下，动力总成控制系统的可靠性受到极大考验，此时发动机的散热效果也会变差。这种状态下，标定主要是完成极限工况下，热管理系统的控制参数调节。在系统性能允许的前提下，控制单元的相关热保护的参数，如冷却液、机油、排温等可适量进行调整。

2.3.3 高原整车起步试验标定示例

以某重型商用车高原起步试验为例,介绍高原标定调整应用。在高原地区进行整车行驶试验时,车辆出现了挂档、起步困难的现象,具体试验现象数据如图 2-13、图 2-14 所示。

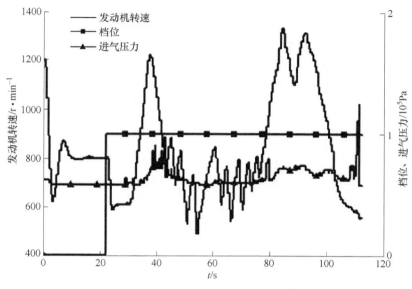

图 2-13 整车高原起步困难过程

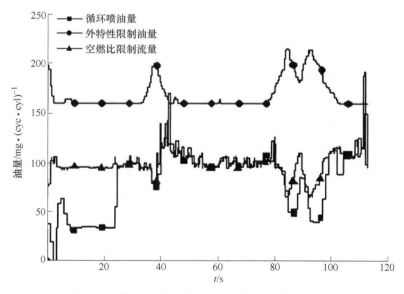

图 2-14 整车高原起步困难过程发动机喷油量变化

由图 2-13 可知,当变速器档位由空档升到一档后,发动机的转速迅速被压到 600 ~ 800r/min,最低甚至低至 500r/min,出现工作即将失稳的倾向,在 40 ~ 80s 的时间段内,转速无法攀升。在高原条件下,由于进气压力低(低至 60kPa 左右),发动机进气量显著降

低，发动机转矩明显下降。起步过程中，发动机负载迅速增加，使得发动机转速明显下降，而发动机转速下降后，发动机的带载能力进一步下降，增压器在这种情况下几乎无法起效，所以进入恶性循环。

分析其动力总成控制器的喷油控制策略是：发动机循环喷油量与发动机外特性限制油量和空燃比限制油量进行比较，发动机实际循环油量取三者中最小值。其中，发动机循环喷油量由 PID 计算所得，发动机外特性限制油量和空燃比限制油量由转速查发动机外特性限制油量 MAP 和空燃比限制油量 MAP 所得。由图 2-14 可知，整车高原起步过程中，发动机的喷油量已经达到发动机空燃比限制油量的最大油量，远低于外特性油量。

尝试通过对发动机空燃比限制油量和怠速目标转速重新标定，解决整车高原起步困难问题。提高发动机空燃比限制油量，整车高原起步过程如图 2-15 所示。提高发动机怠速目标转速为 1600r/min，整车高原起步过程如图 2-16 所示。

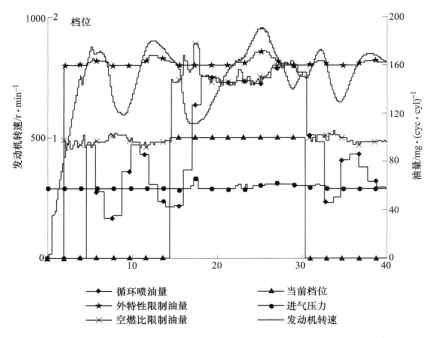

图 2-15　提高空燃比限制油量后整车起步过程

在提高空燃比限制油量的操作中，在 14.5s 时，车辆由空档升到一档，空燃比限制油量提高 60mg 每气缸循环，更接近外特性限制油量，发动机循环油量已经达到空燃比限制油量，但是发动机转速没有提升，一直低于 1000r/min，说明提高发动机空燃比限制油量对转速提升没有效果，表明平原估算的高原空燃比限制仍然可用，片面提高这一限值，没有实际意义。简单说就是缸内没有那么多空气，多喷油也无法进行燃烧，所以转速无法提高。

提高发动机怠速目标转速为 1600r/min，车辆由空档升到一档时，发动机转速降至 700r/min，但在 106.6s 内就快速升至 1000r/min，在未换档之前发动机转速一直超过 1000r/min，完全解决了整车起步挂档困难的问题。这表明发动机怠速目标转速提高有利于提高进气压力，分析认为提高了发动机怠速目标转速，使发动机转速提高，从而使增压器有一定的介入，进气量增加，提高了发动机的输出转矩。所以提高发动机怠速目标转速能够有

效改善整车起步性能。上述示例简单演示了对整车进行现场标定的应用，当然实际应用中针对不同的技术需求，需要进行更加复杂、更有针对性的标定操作。

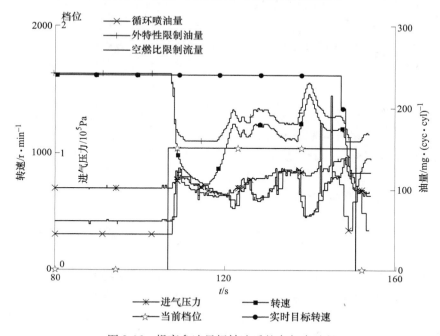

图 2-16 提高怠速目标转速后整车起步过程

第3章

基于模型的发动机标定方法

上文介绍了车辆动力总成标定的基本流程，在实际应用中，各类电控系统的标定还有自身的特色，但这些标定多数都是基于经验和试验现象反馈，采用人工寻优的技术方法。随着车辆性能要求的不断提升，控制系统的功能愈加复杂，控制参数成倍增长，亟待采用一些新的标定理论及方法，提高标定的效率，缩短系统的开发周期。基于模型的标定就是这类标定中的一种，本章介绍这种标定方法。

3.1 基于模型标定方法概述

基于模型标定技术主要包括试验设计、标定对象输入输出性能数据库获取、统计建模和优化。这里所谓基于模型标定指的是基于数学统计的模型标定，统计建模如今已经广泛应用于各类工程问题。最基本的方式就是构建近似于统计数据的模型，该模型应具有效率高、计算速度快等特点。如果试验本质关系式可表示为

$$y = f(x) \tag{3-1}$$

式中，y 为广义的控制输出量；x 为输入量，通常为可以控制的标定量；$f(x)$ 为输入输出间的影响关系函数，拟合下列近似模型：

$$\hat{y} = g(x) \tag{3-2}$$

并且应满足 $y = \hat{y} + \varepsilon$，其中 ε 代表近似误差和测量随机误差。该近似拟合方法在统计建模中广泛应用。该方法主要在于选取用来产生数据的试验设计、选取合理的统计模型并对数据进行拟合。统计模型是整个基于模型标定过程中至关重要的因素，它可以是一组方程，包括线性、非线性的等式或不等式，即式（3-2）中的 $g(x)$。如果能够建立这种反映输入输出关系的统计模型，进而找到输出 y 和输入 x 的关系，则理论上可以进一步采用优化算法，获得控制对象的最优控制参数，作为电控系统标定的初始参数，从而为后续阶段标定奠定良好基础，则这种技术方法可以节省大量的人力、物耗和时间成本，大幅提升标定效率。

3.2 试验设计方法

广义的试验设计包括试验设计本身、数学建模过程以及之后的优化过程，这里所指的只有试验设计过程，不包括其他后续的过程。最初的试验设计是指试验样本的取点方案设计，后来随着科学研究的深入、工农业生产发展以及计算机技术的广泛应用，试验设计的内容越来越丰富，设计方法也越来越多，而最为典型的是正交试验设计方法[8]。而且，随着各类应用软件的丰富，很多软件均可以完成这种设计方法，使得这种方法在行业内的应用更为广泛。

以发动机行业为例，这种方法被广泛应用。在试验方面，在影响参数众多的情况下，通

过试验设计及优化可改善发动机的排放性、经济性的控制参数；在设计方面，也可以采用这种思想，减少后续样件的试制及试验。试验设计的主要思想是选取（尽量少）能够代表对象特征的数据，使一定数量的试验点包含建模所需的最多信息，其手段是通过对样本空间的合理设计，该环节是基于模型标定的基础。目前常用的试验设计分为三大类，即经典试验设计、空间填充试验设计和最优试验设计。

3.2.1 经典试验设计

经典试验设计是应用较早的试验设计方法，常用的经典设计方法有全因子设计、中心复合设计和 Box-Behnken 设计等。

1. 全因子设计

全因子设计方法是将每个因素不同水平进行同样数目组合的试验。换言之，可以对各个因素不同水平组合都做一次试验。例如，在某试验中有 m 个因素，每个因素有 n 个水平，则采用全因子试验最少需要 n^m 次。如果一项试验的因素数以及每个因素的水平数均为 3，则采用全因子试验设计，共需进行 $3^3 = 27$ 次。全因子试验设计按线性和非线性可分为两大类，如图 3-1 所示。

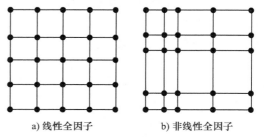

a) 线性全因子   b) 非线性全因子

图 3-1 两类全因子试验设计

该种试验设计常适用于水平数和因素数较少的场合，可以通过该试验获取较为精确的结论。若试验的因素或水平数较多，例如 4 因素 10 水平的情况，则试验的次数为 $10^4 = 10000$ 次，这么大的试验量是较难实现，即使能做到从时间和成本的角度来考虑也不经济。

2. 中心复合设计

最优解如果在试验区域内部，就需要一个可显示的数学模型。最简单的数学模型为二次模型，因子都具有二次项和线性项，此外还具有其他因子的两两之间交互项，拟合这些模型的设计称为响应面设计。中心复合设计是响应面设计中最常用的二阶设计方法。中心复合设计得以较广泛的应用主要有以下三个方面原因。

1）中心复合设计的序贯本质。将因子点划分成两个子集，第一个子集估计出两因子和线性交互效应，另一个子集则估计非线性效应。

2）中心复合设计的高效性。用最少的试验循环给出关于试验误差和试验变量的诸多信息。

3）中心复合设计的灵活性。该设计类型可应用于不同设计域与操作域，故中心复合设计可被广泛应用于工业领域。

中心复合设计拟合的二阶响应模型为

$$y = \beta_0 + \sum_{j=1}^{k} \beta_j x_j + \sum_{i<j}^{k} \beta_{ij} x_i x_j + \sum_{j=1}^{k} \beta_{ij} x_j^2 + \varepsilon \tag{3-3}$$

式中，x_i 为试验因子，也就是影响试验的因素，可根据实际需求确定；y 为试验指标，可通过分析计算或试验获取；β 与 ε 为回归系数。

此模型包含 $1 + 2k + k(k-1)/2$ 个参数，故最少应有 $1 + 2k + k(k-1)/2$ 个不同设计点，并且每个变量最少要取三个水平。若用图形来显示中心复合设计，假如有在低值和高值间变化的因子，如在 -1 和 $+1$ 之间变化，则中心复合设计应该由单位立方体角点上点、轴上以及原点处中心和立方体外部星点等几部分组成。目前常用的中心复合设计分为三类：外切中心复合设计、面心立方设计、内切中心复合设计，如图 3-2 所示。

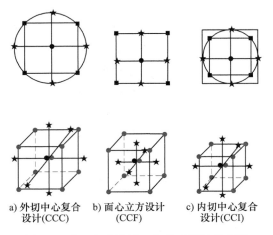

a) 外切中心复合   b) 面心立方设计   c) 内切中心复合
设计(CCC)   (CCF)   设计(CCI)

图 3-2　中心复合设计三类典型设计示意图

3. Box-Behnken 设计

Box-Behnken 设计是由 Box 和 Behnken 在 20 世纪 60 年代提出的一种拟合二阶响应曲面的三水平设计，是一种多因素三水平的试验设计方法。从所需做的试验次数方面来说，Box-Behnken 设计方法是比中心复合设计更加有效的方法。并且该设计是可以旋转或者近似可以旋转的，该设计的另外一个优点是它属于球形设计。该种设计不包含立方体的顶点部分，也可以看成各个变量的极值点。当试验成本过高或者由于某些限制条件而不能对立方体区域顶点所代表的因子水平组合进行试验时，该种设计就表现出了其独有的优势。

在科学研究等方面，试验本身常常要求三个水平在整个区域里面是均布的，这个时候就可使用三因子 Box-Behnken 试验设计，如图 3-3 所示。

归纳起来，Box-Behnken 试验设计具有以下特点：

1）满足了旋转性要求，近似可以旋转。

2）球形设计。

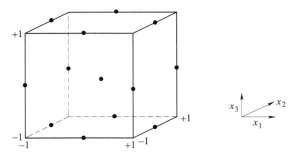

图 3-3　三因子 Box-Behnken 试验设计图

3）极其适用于试验者较不关心极值点响应的情况。

4）相较于中心复合设计来说，所需试验次数少，效率高。

5）需要选取 3~5 个中心点。

综上，经典试验设计方法比较注重以特征点作为设计中心，利用的是简单重复生成规则来产生试验点，这类方法较少利用统计计算，对试验量的减少效果有限，一般用于简单系统的建模分析。因此，经典试验设计方法产生的试验点由于过多而不适合描述复杂的超立方空间上的试验点分布。动力总成控制系统较为复杂，控制参数较多，其试验空间往往是超立方，采用经典试验设计难以满足要求。

3. 2. 2　空间填充试验设计

空间填充试验设计的原理是将原计划的试验点，在输入参数的试验空间上按照不同的规则对其进行分配，从而填充试验空间，使分配试验点之间的距离尽可能均布于输入参数所确

定的超立方空间。

　　空间填充试验设计在试验空间网格划分上常用的有拉丁超立方和 Lattice 两种方式，在具体计算准则上，有以下几种算法。

　　1）最小距离最大化（Maximize Minimal Distance）。其算法为

$$\max\left(\min\left(\sqrt{\sum_{i=1}^{k}\Delta x_i^2}\right)\right) \tag{3-4}$$

式中，k 为空间维度。

　　用扩展化的勾股定理计算出相邻两点间的距离，目的是使试验空间中的两点间距离的最小值最大化，以防止空间中任意两点过于接近，实现样本空间的均匀分布。基于该算法的空间填充试验设计是最基本和最常用的一种。

　　2）最大距离最小化（Minimize Maximal Distance）。其算法为

$$\min\left(\max\left(\sqrt{\sum_{i=1}^{k}\Delta x_i^2}\right)\right) \tag{3-5}$$

式中，k 为空间维度。

　　该算法原则与最小距离最大化原则类似，使两点的最大距离最小化，从而实现样本的均匀分布。

　　3）相关性最小化（Minimize Corelation）。该算法的思想是减弱输入参数之间的相互作用。许多参数之间虽然没有直接的一一对应关系，但是参数之间往往存在相关性，该算法的核心是将这些参数间相互影响的可能性降为最小。

　　4）Audze-Eglais 算法，其算法为

$$\sum_{i=1}^{n}\sum_{j=i+1}^{n}\frac{1}{d\left(x_i,\ x_j\right)^2} \tag{3-6}$$

式中，$d(x_i,\ x_j)$ 表示 x_i 和 x_j 的几何距离；n 是取点数。

　　该算法是由 Audze 和 Eglais 于 1977 年提出的，并且在 2004 年有了基于 Audze-Eglais 算法的拉丁超立方标准表达式。

　　图 3-4 所示为 100 个试验点的拉丁超立方空间填充试验设计空间图。

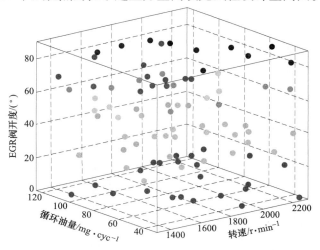

图 3-4　100 个试验点的空间填充试验设计空间图

3.2.3 最优试验设计

这里把试验安排和回归方程统一起来考虑，也就是依据试验目的来选择试验点，这样不仅可以在每个试验点上获取含有最大信息量的数据，而且可以使数据的统计分析变得简单。回归设计就是满足这样要求的试验设计。回归设计就是在空间选择适当的试验点，用较少的试验建立有效的回归方程，从而能够解决实际中的优化问题。最优试验设计即是回归试验设计的一种，是在二次回归正交试验设计基础上发展而来的。目前常用的最优试验设计有 D 最优试验设计、V 最优试验设计、A 最优试验设计。下面介绍这几种最优试验设计。首先介绍一次回归正交试验设计和二次回归正交试验设计的理论基础。

1. 一次回归正交试验设计

当所研究的自变量和因变量之间呈线性关系时，在回归设计的时候可以采用一次回归设计。一次回归正交试验设计是解决回归模型中变量最高次是一次的多元回归问题。其数学模型为

$$y_i = \beta_0 + \beta_1 z_{i1} + \beta_2 z_{i2} + \cdots + \beta_p z_{ip} + \varepsilon_i (i = 1, 2, \cdots, k) \tag{3-7}$$

其回归方程可表示为

$$y_i = b_0 + b_1 z_{i1} + b_2 z_{i2} + \cdots + b_p z_{ip} \tag{3-8}$$

式中，b_0，b_1，b_2，$\cdots$，b_p 为回归系数，β_0，β_1，β_2，$\cdots$，β_p 的估计值。

2. 二次回归正交试验设计

在实际的工程型问题中，有许多时候需要用二次回归方程来描述某个工程过程中变量之间的关系。其中二次回归正交试验设计是在一次回归设计基础上的一种延伸设计。二次回归设计原理如下：

当有 p 个变量的时候，二次回归方程一般可表示为

$$y = b_0 + \sum_{j=1}^{p} b_j z_j + \sum_{j=1}^{p} b_{jj} z_j^2 + \sum_{i<j} b_{ij} z_i z_j \tag{3-9}$$

式（3-9）中共有 q 个回归系数：

$$q = 1 + C_p^1 + C_p^1 + C_p^2 = 1 + 2p + \frac{p(p-1)}{2} = C_{p+2}^2$$

要想得到 p 个变量的二次回归方程，一方面，试验次数 N 不能小于 q；其次，为了能够计算二次回归方程的系数，每个变量所取水平数不能少于 3 个。

最优试验设计是在二次回归正交试验设计的基础上发展而来的最新试验设计法。该法着眼参数估计精度，通过所建立的回归方程来得到预测值，且使预测值拥有较高的拟合精度。下面介绍常用的 D、V、A 三种最优试验设计。

（1）D 最优试验设计

D 最优试验设计是比较早的试验设计方法，计算过程比较简单而且容易实现，同时也是优化试验设计的标准化配置。其中 D 最优设计的计算标准是多项式系数向量误差最小化。系数向量协方差矩为

$$\text{var}(a) = \sigma^2 (\boldsymbol{X}^T \boldsymbol{X})^{-1} = \frac{\sigma^2}{|\boldsymbol{X}^T \boldsymbol{X}|} \boldsymbol{A}^* \tag{3-10}$$

式中，$\boldsymbol{X}$ 为回归矩阵；σ^2 为随机测量误差的分布方差。

σ 在试验设计中是无法控制的，D 最优试验设计的目的为使设计误差方差与测量误差方差的比值，也就是相对误差尽可能小，该比值 $\dfrac{\mathrm{var}(a)}{\sigma^2} = \dfrac{A^*}{|X^{\mathrm{T}}X|}$ 称为标准化方差。实际操作的过程中，$X^{\mathrm{T}}X$ 为优化对象，要使上述比值最小，可以尽可能增大分母。定义了 D 值为该行列式的一种对数运算，D 定义为

$$D = \frac{1}{k}\ln|X^{\mathrm{T}}X| \tag{3-11}$$

式中，k 为试验点个数。

可见求 D 值的计算并不复杂，因此 D 最优试验设计获得了较多的工程应用。

（2）V 最优试验设计

V 最优试验设计的核心算法与 D 最优试验设计不同，V 最优试验设计算法的目的是使平均预测误差方差最小化，来获取精确的预测。该算法直接对模型本身进行预测计算，较适合于标定建模问题。该算法实际上是一个最小化的过程。

V 最优试验设计的 V 值可通过下式来计算：

$$V = \frac{1}{k}\sum_j x_j^{\mathrm{T}}(X^{\mathrm{T}}X)^{-1}x_j \tag{3-12}$$

式中，x_j 为回归矩阵的行；X 为设计试验点的回归矩阵；k 为试验点个数。

由于 V 试验设计的算法特点，在对模型响应模拟有较高要求的情况下，V 试验设计常常比 D 试验设计更加合适，因此，在性能或标定试验等工程应用方面，V 最优试验设计获得了较多的应用。

（3）A 最优试验设计

A 最优试验设计的算法是对 $(X^{\mathrm{T}}X)^{-1}$ 阵的分析，解算目的是 $(X^{\mathrm{T}}X)^{-1}$ 主角线之和最小化。算法为

$$\min[\mathrm{trace}(X^{\mathrm{T}}X)^{-1}] \tag{3-13}$$

在这里 trace 指的是对矩阵对角线元素进行求和。

综上，前面谈到的经典试验设计和空间填充试验设计在应用上都有一个较大的缺点，即设计空间必须是规则的，对于两因子试验，设计空间要么是圆形的，要么是长方形的，对于三因子的试验，设计空间必须是球体或长方体。在实际动力总成标定开发应用中，许多因子的空间是无法确定的，受到了许多实际条件的限制。如在电控发动机标定时，通过可调增压器和喷油提前角这两个因子来优化发动机的转矩，两个因子的调节范围都会受到发动机结构特性的限制，提前角太靠前时会导致发动机的爆发压力太大，对发动机的结构造成伤害，提前角太靠后时会导致排气温度太高，发动机效率降低，排气管以及涡轮的工作环境恶劣，影响其结构寿命。同时可调增压器和提前角之间也会产生相互作用，使得我们的设计空间是不规则的，如果严格地按照经典试验设计和空间填充试验设计进行试验，就可能发生爆发压力过高或排气温度过高。而最优设计的试验空间可以是不规则的，从实际的应用上更适合电控发动机及其动力总成。

另一方面，经典试验设计和空间填充试验设计是被动地处理已有试验数据，在数据处理时运算相对复杂，不仅盲目地增加了试验的次数，并且得到的试验数据往往不能获取足够充分的信息，难以满足动力总成实际使用的要求。最优设计把试验安排和回归方程统一起来考

虑，也就是依据试验目的来选择试验点，这样不仅可以在每个试验点上获取含有最大信息量的数据，而且可以使数据的统计分析变得简单，利于类似动力总成这样复杂系统进行统计建模。

实际上，从 D、V、A 三种最优试验设计的算法可以看出，在试验设计过程中，A 最优算法主要是求逆运算，其运算过程较另外两种优化设计的运算过程复杂，并且其计算的结果又没有明显的优势，因此，A 最优试验设计较少运用，而采用 D 最优试验设计和 V 最优试验设计更加适用于动力总成基于模型标定要求。

3.3 统计建模方法

进行基于模型标定，以发动机标定为例。用来预测在不同控制参数作用下发动机响应的模型非常重要。按照建模机理的不同，发动机建模方式可分为很多类型，常见的如物理模型、平均值模型和统计模型等。

物理模型就是依据对象的工作原理建立数值模型，如发动机的工作过程中需考虑运转时的流体力学和热力学机理，以及质量守恒和能量守恒定律而建立起来一系列微分方程。物理建模方式的特点是能够较好地反映发动机的特性，并且通用性强。但是物理模型建模所需要的结构、运行参数众多，物理模型的理论解析式往往比较复杂，不仅计算速度慢，而且在建模过程中常基于许多假设前提建立，模型中同时还采用一些经验或者半经验公式。总结起来，物理模型复杂，计算量大。平均值模型是忽略动力总成稳态运行参数的客观动态波动的一种建模方法，这种方法将在后文中介绍。

统计建模是依据发动机的试验性能数据而建立的一种输入输出模型[9]。该建模方式是对试验所获取的发动机输入输出参数进行数学建模。发动机的输入输出性能数据点是一系列离散的点，采用数学方法，如线性回归、神经网络等建模手段来获取系列输入输出的连续函数关系，这种连续函数关系可以较为准确地表示发动机的特性，同时通过网格化手段，该连续函数可以给出发动机试验数据之间的响应输出。实践表明，建立在试验数据基础上的统计模型能够很好地描述输入变量，如喷油提前角、EGR 阀开度、循环油量等和发动机输出响应，如转矩燃油消耗率、排放等之间的关系。

统计建模是依赖系统性能数据的建模方法，模型计算速度最快，在充分数据的支持下，所建立的模型精度高，响应性好。目前常用的统计模型有线性回归模型、神经网络模型和径向基函数模型。下面分别介绍这三种统计模型。

3.3.1 线性回归模型

对于多输入输出的系统，若主体为线性关系，则可考虑采用线性回归模型，原理如下。
假设因变量 Y 与 $p-1$ 个自变量 X_1，$\cdots$，X_{p-1} 之间有如下所示的多元线性回归关系：

$$Y = \beta_0 + \beta_1 X_1 + \cdots + \beta_{p-1} X_{p-1} + e \qquad (3\text{-}14)$$

式中，β_0 为常数项；β_1，$\cdots$，β_{p-1} 为回归系数；e 为随机误差。
假设我们对 Y，X_1，$\cdots$，X_{p-1} 进行了 n 次观测，也即得到了 n 组观测值：

$$x_{i1}，\cdots，x_{i,\,p-1}，y_i，i = 1，\cdots，n$$

它们满足

$$y_i = \beta_0 + x_{i1}\beta_1 + \cdots + x_{i,\,p-1}\beta_{p-1} + e_i \qquad i = 1,\,\cdots,\,n \tag{3-15}$$

这里 e_i 为相应的随机误差。系统可以表述为

$$\boldsymbol{y} = \begin{pmatrix} y_1 \\ y_2 \\ \vdots \\ y_n \end{pmatrix} \quad \boldsymbol{X} = \begin{pmatrix} 1 & x_{11} & \cdots & x_{1,\,p-1} \\ 1 & x_{21} & \cdots & x_{2,\,p-1} \\ \vdots & \vdots & & \vdots \\ 1 & x_{n1} & \cdots & x_{n,\,p-1} \end{pmatrix}$$

$$\boldsymbol{\beta} = \begin{pmatrix} \beta_0 \\ \beta_1 \\ \vdots \\ \beta_{p-1} \end{pmatrix} \quad \boldsymbol{e} = \begin{pmatrix} e_0 \\ e_1 \\ \vdots \\ e_n \end{pmatrix}$$

式（3-15）就可以写为式（3-16）的简洁形式：

$$\boldsymbol{y} = \boldsymbol{X}\boldsymbol{\beta} + \boldsymbol{e} \tag{3-16}$$

式中，$\boldsymbol{y}$ 为 $n{\times}1$ 的观测向量；$\boldsymbol{X}$ 为 $n{\times}p$ 已知矩阵，通常称为设计矩阵，或称模型矩阵；$\boldsymbol{\beta}$ 为未知参数向量，其中的 β_0 为常数项，$\beta_1,\,\cdots,\,\beta_{p-1}$ 为回归系数；$\boldsymbol{e}$ 为 $n{\times}1$ 随机误差向量，均值为零。关于 $\boldsymbol{e}$ 的常用假设为：

1）误差项应具有等方差，即

$$\mathrm{var}(e_i) = \sigma^2 \quad i = 1,\,\cdots,\,n$$

2）误差之间彼此是不相关，即

$$\mathrm{cov}(e_i,\,e_j) = 0 \quad i \neq j,\, j = 1,\,\cdots,\,n$$

通过最小二乘法等线性参数估计方法即可得到 $\beta_1,\,\cdots,\,\beta_{p-1}$ 的估计值为 $\hat{\beta}_1,\,\cdots,\,\hat{\beta}_{p-1}$，可得到式（3-17）形式，即经验回归方程。

$$\boldsymbol{y} = \boldsymbol{X}\hat{\boldsymbol{\beta}} + \boldsymbol{e} \tag{3-17}$$

3.3.2 神经网络模型

对于特别复杂的工程对象，单单采用线性回归模型还无法完成，对于此类工程对象常采用神经网络等非线性模型。

神经网络系统是近年来十分热门的交叉学科，是人工智能的重要组成部分。人工神经网络是由大量的神经元互联而成的能够自适应的非线性网络系统，该系统具有学习能力、计算能力、记忆能力以及较强的信息处理能力。

首先，介绍一下神经网络的基本组成单元，即人工神经元。图 3-5 所示为一种简化了的人工神经元结构。

神经元是一个多输入、单输出的非线性模型，其输入输出关系为

$$y_i = f(I_i) \tag{3-18}$$

$$I_i = \sum_{j=1}^{n} w_{ji} x_j - \theta_i \tag{3-19}$$

式中，$x_j(j = 1,\,2,\,\cdots,\,n)$ 是从其他细胞传输过来的输入信号；θ_i 为阈值；w_{ji} 表示的是从 j 细胞到 i 细胞的连接权值；$f(I_i)$ 称为传递函数，可以是线性函数，也可以是非线性函数。

常用的神经元非线性函数有两种：阈值型函数和 S 形曲线。

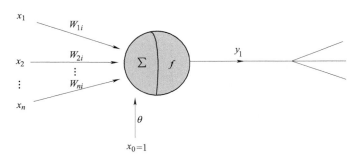

图 3-5　人工神经元结构

得到应用的神经网络系统有几十种，大致可以分为三大类。

1）前向网络，如常用的 BP（Back Propagation）神经网络模型，如图 3-6 所示。

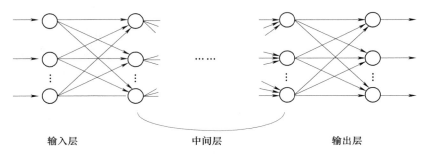

图 3-6　前向神经网络模型

2）反馈网络，如 BAM（Bidirectional Associative Memory）神经网络模型等。

3）自组织网络，如 ART（Adaptive Resonance Theory）神经网络模型等。

神经网络模型是由三个因素所决定的，即神经元的特性、拓扑结构和训练规则。按照其拓扑结构，神经网络可分为输入层、中间层（隐含层）和输出层。每个节点的输出都被送到下一层所有节点处，并通过把这些单元组成层，将它们相互连接起来，同时对连接加权，进而就形成了神经网络拓扑结构。

3.3.3　径向基函数模型

径向基函数（Radial Basis Function，RBF）模型是一种较常用的非线性模型，其作用原理和神经网络模型相似，因此有时 RBF 模型也被看作是神经网络模型的一种。

径向基网络是一种局部逼近网络，其对输入空间的某局部区域，仅存在少数的神经元用来决定网络的输出。网络由一个线性输出层和隐含层组成，其中隐含层最常用的径向基函数是高斯函数，输出层往往采用的是线性激活函数。径向基网络的权值训练是一层一层来进行的。与一般的神经网络相比，径向基神经网络具有许多优点：收敛速度快、网络规模小、计算量小且具有鲁棒性和无局部极小等。

通常，径向基神经网络模型是按径向基核函数的类型来划分类别的。径向基函数的通式为

$$z(x) = f(\parallel \boldsymbol{x} - \boldsymbol{u} \parallel) \tag{3-20}$$

式中，x 为长度为 n 的输入向量；u 为向量长度为 n 的径向基函数核心；$\| x - u \|$ 代表向量 x 和向量 u 之间的几何距离。

函数 f 可以有许多具体的不同形式，常用的径向基核函数的具体形式为

高斯核心的 RBF
$$z(x) = \exp\left(\frac{\| x - u \|^2}{\sigma^2} \right)$$

Logistic 核心的 RBF
$$z(x) = \frac{1}{1 + \exp\left(\dfrac{\| x - u \|}{\sigma} \right)}$$

Multiquadric 核心的 RBF
$$z(x) = \sqrt{\| x - u \|^2 + \sigma^2}$$

立方核心的 RBF
$$z(x) = \| x - u \|^3$$

Thin Plate 样条核心的 RBF
$$z(x) = \| x - u \|^2 \log(\| x - u \|)$$

式中，σ 为函数的标准差。

输出层节点的响应可以看作是一个映射 f，表示为

$$f(\hat{x}) = \sum_{j=1}^{N} \beta_j z_j(x) \tag{3-21}$$

式中，N 是训练数据的数目；β 是隐层到输出层的连接权值；$z(x)$ 为核心函数。

3.4　优　化　方　法

优化是基于模型标定方法的最后步骤，是对建立的统计模型进行优化，以获取最优控制参数。动力总成的优化问题可以归类为有约束的单目标优化或多目标优化。

目前，优化问题的解法可分为两大类：解析解法和数值解法。所谓的解析解法就是把研究对象用数学方程进行描述，而后采用微分或变分等解析方法求出相应的极值点。数值解法就是利用计算机，依据一定的规则，按照当前设计点信息算出新的设计点，然后将新的设计点置为当前点以进行下一步计算。从当前点获得改进点（也称为迭代点），完成更新一次当前点，即称为一次迭代过程。在该迭代过程中，迭代点逐步逼近优化问题的最优解。事实上，在很多情况下所需求解问题的数学描述非常复杂，很难采用解析法进行求解，甚至许多优化问题只能通过试验数据来构造经验公式，之后采取试验验证，因此，在解决优化问题时，数值解法应用较为广泛。

优化问题的数值解法是数学规划法，其迭代公式为

$$x^{(k+1)} = x^{(k)} + \Delta x^{(k)} \tag{3-22}$$

通常沿某个寻优方向 $s^{(k)}$，以适当的步长 $\alpha^{(k)}$ 来实现对 $x^{(k)}$ 的修改，即

$$x^{(k+1)} = x^{(k)} + \alpha^{(k)} s^{(k)}$$

对于二维优化问题，该迭代公式变为

$$\begin{bmatrix} x_1 \\ x_2 \end{bmatrix}^{(k+1)} = \begin{bmatrix} x_1 \\ x_2 \end{bmatrix}^{(k)} + \alpha^{(k)} \begin{bmatrix} s_1 \\ s_2 \end{bmatrix}^{(k)} \tag{3-23}$$

从当前点开始，当确定了寻优方向之后，新的点就是步长的函数，求沿着这个方向的最优点就是最优步长。故多维问题的寻优是通过求解一系列一维优化问题后完成的。

在处理动力总成控制参数优化等有约束实际工程问题应用中，目前常采用的方法是罚函

数法和拉格朗日乘子法。

罚函数法是目前比较流行的求解非线性有约束问题的数值解法。这类方法是将带有约束的优化问题按照一定的方式转化成没有约束的问题，再用无约束求解法进行求解。在罚函数中，把约束函数按照一定的方式添加到目标函数中构成罚函数，在无约束问题求解过程中，约束项使企图违反约束的那部分迭代点受到很大惩罚，即给以很大的函数值，迫使一系列无约束问题的极值点收敛到原约束优化问题的解点。目前常用的罚函数法有内罚函数法、外罚函数法、混合罚函数法等类型。

拉格朗日乘子法的基本思想是构造新的目标函数，把约束函数和原目标函数统一到新目标函数中，这样就将有约束优化问题转化为无约束优化问题，使得数学变换过程简化。由于拉格朗日乘子法具有较好的数值稳定性和较快的收敛速率，被广泛应用于发动机等复杂工程对象的寻优有约束优化问题。

第4章

标定对象物理建模

4.1 概　　述

上面介绍的基于模型的标定，在进行数据统计模型建模的过程中，需要大量的标定对象特征数据，这些数据可以通过台架特性试验获得，也可以采用基于物理模型的计算获得。近年来，随着动力总成开发技术的日臻成熟，出现了很多依赖复杂燃烧、流动、传热理论的仿真分析软件。采用这类软件，完成动力及传动系统的建模后，依赖一定量的试验数据，即可获得较为可信的物理模型，从而可以通过计算获得用于建立标定统计数学模型的大量数据，进一步缩短标定周期。这类复杂物理对象模型进行一定的简化后，还可以产生实时性更高的平均值模型，可用于后面介绍的"虚拟标定"技术。总之，标定对象的物理建模，是标定研究中的一个必备环节。这里，以带有 EGR 的柴油发动机建模为例，进行标定对象建模的介绍。

采用了行业内常用的发动机建模软件进行标定对象建模工作。

4.2 发动机物理模型分析

发动机是一种非常复杂的动力机械，在进行工作过程的数值模拟计算之前，需要建立研究对象的仿真模型，步骤如下：

1）分析和测量被研究对象，收集数据和资料。

2）将实际复杂的系统分解成若干个容易处理的子系统，建立相应的物理模型，输入相关的物理参数。

3）根据热力学、传热、传质等方面的知识，对简化的物理模型进行定量的数学描述，建立数学模型。

4）利用建好的模型，进行初步的热力学模拟计算，通过试验所得数据进行模型校核，从而进一步修改模型，确定主要的经验参数值，以期达到精度达标的目的。

5）为方便进行 EGR 增压发动机的建模，可以将其划分为五个相互独立的子系统：进排气系统、涡轮增压系统、中冷系统、气缸系统以及 EGR 系统。各子系统之间通过能量及质量的交换相互联系，并且遵从基本的能量守恒方程、质量守恒及气体状态方程[10]。

4.2.1 进排气系统

进排气系统流体流动模型主要是解 Navier-Stokes 方程（N-S 方程），即连续性守恒方程、动量守恒方程和能量守恒方程。建模软件主要是在一维方向求解上述守恒方程，一维求解即

认为流体所有相关量在与流体流动的垂直方向上是均匀的。在求解方程上共有两种时间积分方法，它们分别影响着求解方法的变量及时间步长。显式求解方法无需进行迭代，待求变量仅与当前及相邻的子体积相关，对于空气流动的压力波动预测具有足够的精度，缺点是仿真耗时长。相比于显式求解方法，隐式方法需要同时对所有子体积进行迭代求解，并且无法精确预测进排气管的压力波动，优势是仿真耗时短。根据仿真需求，选择了显式求解法。

在仿真计算过程中，进排气系统按照设定的离散长度被离散为多个网格（每个接头划为一个网格，每一段直管则被离散成一个或者多个网格）。这些网格之间通过边界相连接。在每一个网格内，假设各标量值为定值，即认为每一网格中心的压力、温度、密度、内能、焓等为定值。与此同时，质量流量、流速、组分浓度等量则在各网格边界处进行计算。每个网格单独解 N-S 方程，并考虑管道摩擦损失、管道压力损失、管道传热损失，通过显式方法便可完成整个进排气系统的参数求解。

4.2.2　涡轮增压系统

涡轮及压气机主要以部件的性能图为基础进行建模。涡轮机及压气机性能图由一系列性能数据点组成，主要描述增压器所处的运行状态，如增压器转速、增压比（膨胀比）、质量流量和热力学效率等；在增压器转速和质量流量（或增压比）已知的情况下，通过性能图便可查出热力学效率和增压比（或其质量流量）。

在每个时间步长下，仿真模型实时预测涡轮增压器转速及压比，因此两者在涡轮增压特性图上是已知的，继而通过查取特性图可得质量流量和热力学效率，并用于下一步长的仿真计算。涡轮增压系统各出口温度通过涡轮及压气机焓变计算得出。由各焓值的变化，通过查得的热力学效率可以计算出涡轮提供的功率及压气机消耗的功率。涡轮增压器数学模型如下所述。

涡轮：

$$h_{t,\,out} = h_{t,\,in} - \Delta h_t \eta_t \tag{4-1}$$

$$P_t = \dot{m}_{2t}(h_{t,\,in} - h_{t,\,out}) \tag{4-2}$$

$$\Delta h_t = c_p T_{total,\,in}\left(1 - PR^{\frac{1-\gamma}{\gamma}}\right) \tag{4-3}$$

压气机：

$$h_{c,\,out} = h_{c,\,in} + \Delta h_c \frac{1}{\eta_c} \tag{4-4}$$

$$P_c = \dot{m}_{c1}(h_{c,\,in} - h_{c,\,out}) \tag{4-5}$$

$$\Delta h_c = c_p T_{total,\,in}\left(PR^{\frac{\gamma-1}{\gamma}} - 1\right) \tag{4-6}$$

$$T_{total,\,in} = T_{in} + \frac{u_{in}^2}{2c_p} \tag{4-7}$$

式中，$h_{c,\,in}$、$h_{t,\,in}$ 为压气机、涡轮入口的比焓值；$h_{c,\,out}$、$h_{t,\,out}$ 为压气机、涡轮出口的比焓值；Δh_c、Δh_t 为经压气机、涡轮后的比焓变化值；η_c、η_t 为压气机、涡轮的效率；$\dot{m}_{c1}$、$\dot{m}_{2t}$ 为通过压气机、涡轮的气体质量流量；$T_{total,\,in}$ 为入口总温度；γ 为比热比；P_c、P_t 为压气机、涡轮功率；PR 为压比或膨胀比；c_p 为气体比定压热容；T_{in} 为压气机或涡轮入口温度；u_{in} 为入口速度。

在每一步仿真时间下，通过上述公式可以计算出压气机和涡轮机各物理量的瞬态值。需要注意的是，仿真得到的一些最终结果，如涡轮功率及压气机功率，是每一循环过程中各瞬态值的平均值，并不是通过各相关中间量的平均值计算得到。

通过涡轮机和压气机的转矩来计算涡轮增压轴的转速，摩擦转矩通过增压器动力学模块中设定的机械效率计算得出，其公式如下：

$$\Delta\omega = \frac{\Delta t(T_{\text{turbine}} - T_{\text{compressor}} - T_{\text{friction}})}{I} \tag{4-8}$$

式中，T 为各部件的转矩；$\Delta\omega$ 为轴转速变化值；Δt 为仿真步长；I 为轴转动惯量。

4.2.3 中冷系统

中冷系统一般安装在压气机之后、进气管之前，其主要作用是对经压气机压缩后温度较高的空气进行冷却。由理想气体方程及推导公式可知，气体的密度与温度成反比，因此压缩空气经过冷却后，温度下降，密度升高，提高了气缸的充气效率，进而可以增加喷油量，提高发动机动力性能。

由散热理论及热力平衡关系可知：

压缩空气流经中冷器时的散热率为

$$\dot{Q}_{\text{c}} = c_p \dot{m}_{\text{c1}} \Delta T_{\text{c}} = c_p \dot{m}_{\text{c1}}(T_{\text{c, out}} - T_{\text{c, in}}) \tag{4-9}$$

冷却介质通过中冷器时的吸热率为

$$\dot{Q}_{\text{w}} = c_w \dot{m}_{\text{w}}(T_{\text{w2}} - T_{\text{w1}}) \tag{4-10}$$

式中，c_p、c_w 分别为空气的比定压热容和冷却介质比定压热容；$\dot{m}_{\text{c1}}$、$\dot{m}_{\text{w}}$ 分别为空气流量和冷却介质流量；$T_{\text{c, in}}$、$T_{\text{c, out}}$ 分别为中冷器进、出口处空气温度；T_{w1}、T_{w2} 分别为冷却介质在中冷器入口、出口处温度。

增压空气传递给冷却介质热量的传热率：

$$\dot{Q}_{\text{cw}} = K\int_0^A \Delta T \mathrm{d}A = KA\delta T \tag{4-11}$$

式中，K 为传热系数；A 为中冷器流通管道的表面积；δT 为中冷器中压缩空气和冷却介质进出口平均对数温差。

为方便计算，传热系数 K 通过 PID 控制器实时调节，以控制压缩空气达到目标温度。

平均对数温差 δT 由中冷器中增压空气与冷却介质的通道形式及其流动决定，它可以表示为

$$\delta T = \frac{(T_{\text{c, in}} - T_{\text{w2}}) - (T_{\text{c, out}} - T_{\text{w1}})}{\ln \dfrac{T_{\text{c, in}} - T_{\text{w2}}}{T_{\text{c, out}} - T_{\text{w1}}}} \tag{4-12}$$

中冷器中阻力损失计算如下：

$$\Delta p_{\text{c}} = p_{\text{c, in}} - p_{\text{c, out}} = \eta_{\text{r}} \frac{\dot{m}_{\text{c}}^2}{\rho_{\text{c}}} \tag{4-13}$$

式中，η_{r} 为阻力系数。一般选取中冷器阻力损失 $\Delta p_{\text{c}} = 3 \sim 5\text{kPa}$。

4.2.4 EGR 系统

EGR 系统的主要作用是将废气引入进气管，主要由一段废气引入管、一段废气排出管、EGR 冷却系统以及 EGR 阀组成。EGR 阀两侧通过连接管分别与进排气管相连，当两端存在压差时，经过 EGR 阀的废气流量的计算公式如下：

$$\dot{m}_{21} = A_{egr} \frac{p_2}{\sqrt{RT'_{21}}} \sqrt{\frac{2\gamma}{\gamma-1}(P_r^{\frac{2}{\gamma}} - P_r^{\frac{\gamma+1}{\gamma}})} \tag{4-14}$$

$$P_r = \max\left(\frac{p_1}{p_2}\left(\frac{2}{\gamma+1}\right)^{\frac{\gamma}{\gamma-1}}\right) \tag{4-15}$$

$$A_{egr} = C_d A_{ref} \tag{4-16}$$

式中，p_2、p_1 分别为阀两端的排气及进气压力；T'_{21} 为阀前废气温度；A_{egr} 为有效流通面积；C_d 为流通系数；A_{ref} 为参考面积。

4.2.5 气缸

气缸是整个发动机的核心部件，是气缸套、气缸盖、活塞顶等围成的封闭空间。燃料经喷油系统喷入气缸，与新鲜空气充分混合后，在压缩上止点附近开始燃烧，燃烧释放的热能通过曲柄连杆系统转化为动能对外输出，而燃烧产物最终经排气系统排入大气。

发动机的性能与排放特性主要由气体流动、缸内混合和燃烧等复杂的相互作用所决定。燃烧过程是涉及气体流动、非稳态两相射流、液滴蒸发、传热与传质以及化学反应动力学等多种物理过程和多学科交叉的复杂过程。缸内燃烧过程的数值模拟主要分为喷雾和燃烧两个过程，其中喷雾过程包括燃油喷射、雾化、蒸发及混合等过程，燃烧过程则分为着火和燃烧过程。根据研究目的选择合适的燃烧模型是气缸建模的关键，特别是缸内喷雾和燃烧过程的数值模拟，此部分内容将在后面单独介绍。

4.3 发动机燃烧模型分析

仿真中的燃烧模型可以归纳为两类：非预测模型（Non-predictive）和预测模型（Predictive），它们有各自的特点和适用条件。

非预测燃烧模型将燃烧速率简单地描述为曲轴转角的函数，通过确定的函数形式，根据质量和能量守恒方程以及理想气体状态方程，计算工作循环参数。此种模型简单、计算耗时短，但是指定的燃烧规律无法考虑缸内状态及喷油正时等的影响，只能用于研究对燃烧规律影响小的变量，且无法预测有害废气的浓度。非预测模型即为零维模型，韦伯燃烧模型（DI-Wiebe）是典型的非预测模型。

预测燃烧模型通过建立发动机的结构参数和运转参数（缸内状态、喷油特性等）与燃烧过程之间的关系，用来预测这些参数变化后的燃烧特性，并且由于能够求解气缸内的温度场和浓度场，因此这类模型还可以用于有害废气浓度的预测。从理论上讲，预测模型有较高的预测精度，适用于任何仿真过程，但是选择此类模型时需考虑某些实际因素。预测模型的计算耗时长，标定预测模型需要大量的试验数据且耗费工作人员大量的时间和精力。预测燃

烧模型即为准维模型,直喷射流燃烧模型(DI-Jet)是典型的预测模型。

本文建模所采用的燃烧模型为 DI-Jet 模型,DI-Jet 燃烧模型仅仅适用于直喷发动机,可以用来预测燃烧率以及 NO_x 和炭烟(Soot)排放。

4.3.1 DI-Jet 模型

DI-Jet 模型将燃油喷柱划分为若干个区域:5 个径向网格和多达 200 个的轴向网格(由用户根据情况自行设置)。每个区域都包含燃料区、未燃区和已燃区三个子区(图 4-1),各区域是不连续的,且相互独立。

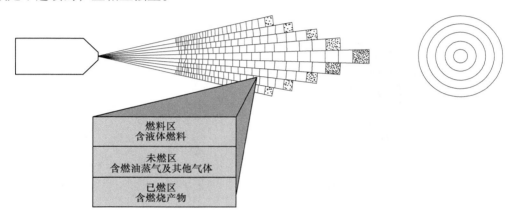

图 4-1 DI-Jet 燃烧模型示意图

所有分区的燃料质量总和等于总喷油量除以喷嘴喷孔数(DI-Jet 模型仅模拟一个喷孔喷油的情况)。燃油以特定速率喷入气缸,全部分配在燃料子区内,其他两个子区为空。油束向前运动,撕裂成油滴,同时卷入空气,油滴受热、蒸发混合成燃油空气混合气,进入未燃区;油滴卷入空气时速度减慢,又由于外围锥环的空气卷吸速率高于内部锥环,因此外围区域的贯穿距离小于内部区域。当缸内压力、子区温度和燃空比达到合适的条件,可燃混合气移至已燃区进行燃烧;假设每个已燃区是相互独立的绝热系统,考虑各区的燃空比和温度,便可计算 NO_x 和 soot 等排气污染物。

4.3.2 喷雾子模型

喷雾模型是整个 DI-Jet 燃烧模型的基础,采用的是广安博之-角田敏提出的油滴蒸发模型。此模型忽略液体射流的雾化过程,假设燃料直接以油滴的形式射入燃烧室,可燃混合气达到理论当量比后,其化学燃烧反应便立即开始。因此,燃烧速率主要由油滴蒸发和混合速率所控制,当空气有余时,燃烧速率主要取决于油滴蒸发速率,当空气不足时,燃烧速率主要取决于空气卷入速率,即燃油与空气混合速率。

1. 喷油

整个燃油喷柱被分为 5 个径向区域和众多的轴向切片区域,燃料从喷孔喷出时的初始速度是后续模型计算的基础,可将其表示为如下所示量的函数:

$$U_i = f(C_n, p_i, \rho_{fuel}, m_f, \text{Profile}) \tag{4-17}$$

式中，U_i 为喷柱射流初速度；C_n 为喷油器流量系数；ρ_{fuel} 为流体密度；p_i 为喷油压力；m_f 为喷油质量；Profile 为喷油压力/质量曲线。

2. 破裂时间

燃油喷柱从离开喷孔到开始分裂的时间，称为破裂期 t_{br}：

$$t_{br} = 0.29 \times \left(3 + \frac{L_n}{D_n}\right)\left(\frac{\rho_{fuel}}{U_{air}}\right)\left(\frac{D_n}{U_i}\right) \times \text{TBMULT} \tag{4-18}$$

式中，t_{br} 为破裂时间；D_n 为喷孔直径；L_n 为喷孔长度；TBMULT 为破裂时间系数。

3. 油滴直径

喷柱油滴直径（索特平均直径）的计算方法如下：

$$D_d = 60 D_n\, Re^{-0.22} We^{-0.31}\left(\frac{\rho_{xfuel}}{\rho_{xair}}\right)^{-0.17} \times \text{SMDMULT} \tag{4-19}$$

式中，D_d 为油滴索特平均直径；Re 为雷诺数；We 为韦伯数；ρ_x 为某流体的密度（流体类型为 x）；SMDMULT 为油滴直径系数。

4. 贯穿距离

喷柱破碎后，继续向前运动，行驶的总距离为

$$S = U_i t_{br}\left|(t_{br}t)^{0.5} - 0.06\right| \tag{4-20}$$

式中，S 为贯穿距离；t 为时间。

涡流对贯穿距离的影响如下：

$$S_s = \frac{S}{\left(1 + \text{SW} \times \text{RPM} \times \dfrac{S}{U_i}\right)} \tag{4-21}$$

式中，RPM 为发动机转速；S 为未考虑涡流影响时的贯穿距离；S_s 为实际的贯穿距离；SW 为涡流系数。

5. 空气卷吸量

随着喷柱的发展，每个分区将卷入空气和残余废气：

$$m_{a,k} = m_{f,k}\left[\frac{U_i}{dS_s/dt} - 1\right]g_1(\text{EGR},\ \text{InjectionEvent}) \tag{4-22}$$

式中，$m_{a,k}$ 为分区中卷入的气体质量；$m_{f,k}$ 为分区中的燃油质量；dS_s/dt 为贯穿速度；g_1 为软件特有的功能函数。

各分区的空气卷吸速率如下：

$$\frac{dm_{aX,k}}{dt} = C_X \frac{dm_{a,k}}{dt} \tag{4-23}$$

式中，$\dfrac{dm_{aX,k}}{dt}$ 代表不同条件下的空气卷吸率；C_X 代表不同条件下的卷吸系数，即 CBAIR（燃烧开始前）、CAAIR（燃烧开始后）、CAWALL（喷柱湿壁后）。

6. 油滴蒸发

燃油喷柱破碎成油滴后便开始蒸发，油滴直径随之减小。油滴蒸发速率是下列参数的函数：

$$\dot{m}_{fv} = h(D_d,\ \rho_g,\ a_g,\ B) \tag{4-24}$$

式中，ρ_g 为混合气密度；a_g 为气体热扩散系数；B 为油滴对空气的热传质系数。

4.3.3 燃烧子模型

燃烧模型是整个 DI-Jet 模型的核心，每个分区的滞燃期、燃烧率、温度和组分变化等将独自计算，由于压力传播速度很快，可认为燃烧室内压力均匀。

1. 滞燃期

每个分区的滞燃期单独计算，采用的是以广安博之提出的经验公式为基础的模型：

$$\left.\begin{array}{l} \tau = 1.2 \times 10^{-6} \times \dfrac{CIGN1}{\varphi \left(3 - \varphi\right)^2} p^{CIGN2} e^{\frac{CIGN4}{T}} g_2(\text{Dilution，CIGN8})，\varphi < 3.0 \\[3mm] \tau = \infty，\varphi \geqslant 3.0 \\[3mm] \displaystyle\int_0^{\tau_i} \frac{1}{\tau} \mathrm{d}T = 1 \end{array}\right\} \quad (4\text{-}25)$$

式中，τ 为滞燃期时间系数；φ 为当量比；τ_i 为滞燃期；p 为工质压力；T 为工质温度；g_2 为软件功能函数；Dilution 为除 O_2、N_2 和燃油外其他物质的质量分数；CIGN1 为滞燃期调整系数；CNGN2、CNGN4 分别为与压力和温度相关的系数；CIGN8 为稀释效应有关的调整系数。

2. 燃烧率

燃烧率控制着未燃区中的可燃混合气向已燃区转移的速度，由下面的燃烧动力学公式计算得到。需注意的是，燃烧率和放热率在软件中是两个不同的概念，燃烧率表征的是燃料消耗的速度，由于燃烧过程存在中间产物，导致放热率落后于燃烧率。

$$\left.\begin{array}{l} \dfrac{\mathrm{d}m_k}{\mathrm{d}t} = CMBMULT \times \varphi(3 - \varphi)^2 p^{2.5} e^{\frac{-4000}{\tau}}，\varphi < 3.0 \\[3mm] \dfrac{\mathrm{d}m_k}{\mathrm{d}t} = 0，\varphi \geqslant 3.0 \end{array}\right\} \quad (4\text{-}26)$$

式中，$\dfrac{\mathrm{d}m_k}{\mathrm{d}t}$ 为燃烧率，CMBMULT 为燃烧率系数。

3. 化学平衡时燃烧产物计算

内燃式发动机燃烧过程在很高的温度下进行，化学反应速度极快，达到化学平衡的时间极短，因此可以忽略反应的动力学过程，近似认为燃烧瞬间达到化学平衡。可燃混合气进入已燃区进行燃烧，考虑子区内主要原子（C、H、O、N），按照化学平衡公式便可计算下列 11 种燃烧产物（N_2、O_2、H_2O、CO_2、CO、H_2、N、O、H、NO、OH）在当前状态下的化学平衡浓度。生成物的化学平衡反应假定为下述七种：

$$\left.\begin{array}{ll} \dfrac{1}{2}H_2 \xrightleftharpoons{K_{p1}} H & 2H_2O \xleftharpoons{K_{p4}} 2H_2 + O_2 \\[3mm] \dfrac{1}{2}O_2 \xrightleftharpoons{K_{p2}} O & H_2O \xleftharpoons{K_{p5}} OH + \dfrac{1}{2}H_2 \\[3mm] \dfrac{1}{2}N_2 \xrightleftharpoons{K_{p3}} N & H_2 + CO_2 \xrightleftharpoons{K_{p6}} H_2O + CO \\[3mm] H_2O + \dfrac{1}{2}N_2 \xrightleftharpoons{K_{p7}} H_2 + NO \end{array}\right\} \quad (4\text{-}27)$$

式中，$K_{pi}(i=1，\cdots，7)$ 为平衡常数，它们可以看作是温度（主要影响因素）与压力的函数，由试验所得的拟合公式求得。

以上七个方程联合 C、H、O、N 的原子守恒方程，用迭代法对每个已燃区进行分别求解，即可求得所有燃烧产物的摩尔分数。

4. 传热模型

假定各分区之间无热交换，只考虑分区向气缸壁换热的情况。气缸总体对流换热按 Woschni 公式计算，并按质量和温度将换热量分配给各小区。辐射换热主要考虑分区内炭烟的高温辐射，用灰体辐射公式计算。

$$\dot{Q}_t = \dot{Q}_{t,r} + \dot{Q}_{t,c} \tag{4-28}$$

式中，$\dot{Q}_{t,r}$ 为辐射传热率；$\dot{Q}_{t,c}$ 为对流传热率。

5. 分区温度和压力的计算

可将所有分区看作是开口系统，求解已燃区燃烧产物后，便可计算各物质的内能，忽略宏观动能及势能，根据能量守恒方程及气体状态方程，便可计算各分区的温度和压力。

未燃区：

$$\frac{d(m_u e_u)}{dt} = -p\frac{dV_u}{dt} - \dot{Q}_u - \left(\frac{dm_k}{dt}h_k + \frac{dm_a}{dt}h_a\right) \tag{4-29}$$

已燃区：

$$\frac{d(m_b e_b)}{dt} = -p\frac{dV_b}{dt} - \dot{Q}_b + \left(\frac{dm_k}{dt}h_k + \frac{dm_a}{dt}h_a\right) \tag{4-30}$$

式中，m_u 为未燃区质量；e_u 为未燃区总能；V_u 为未燃区体积；Q_u 为未燃区传热损失；h_k 为燃料的比焓；h_a 为空气的比焓。m_b 为已燃区质量；e_b 为已燃区总能；V_b 为已燃区体积；Q_b 为已燃区传热损失。

4.3.4 排放子模型

1. NO$_x$ 排放生成模型

NO 是发动机 NO$_x$ 排放中的主要成分，而 NO$_2$ 的含量很少，因此 NO$_x$ 数学模型主要考虑 NO 的生成。在燃烧过程中，NO 的生成存在"高温冻结现象"，即排气门开启时，实测的 NO 浓度远远高于其在平衡态下的浓度。由此可推断 NO 生成是非平衡过程，其反应是由化学反应动力学控制的。

在高温富氧条件下，发动机 NO 生成服从扩展的 Zeldovich 机理，即以下三个反应：

$$\left. \begin{array}{l} O + N_2 \xrightleftharpoons[k_1^-]{k_1^+} NO + N \\[2mm] N + O_2 \xrightleftharpoons[k_2^-]{k_2^+} NO + O \\[2mm] N + OH \xrightleftharpoons[k_3^-]{k_3^+} NO + H \end{array} \right\} \tag{4-31}$$

式中，k_1^+、k_2^+、k_3^+ 为正向反应的反应速率常数，k_1^-、k_2^-、k_3^- 为逆向反应的反应速率常数。

各分区的 NO 生成率为

$$\frac{\mathrm{d}[\mathrm{NO}]}{\mathrm{d}t} = \frac{2R_1\left\{1 - \dfrac{[\mathrm{NO}]^2}{[\mathrm{NO}]_e^2}\right\}}{1 + \dfrac{R_1}{R_2 + R_3}\dfrac{[\mathrm{NO}]}{[\mathrm{NO}]_e}} \tag{4-32}$$

式中，R_1、R_2、R_3 为以上三个反应控制方程式在平衡时的单向平衡速率，即 $R_1 = k_1^+[\mathrm{N}]_e[\mathrm{NO}]_e$，$R_2 = k_2^+[\mathrm{N}]_e[\mathrm{O}_2]_e$，$R_3 = k_3^+[\mathrm{N}]_e[\mathrm{OH}]_e$；$[\ ]_e$ 代表某物质的平衡浓度。

考虑各区的温度、体积及平衡浓度，从燃烧开始到"高温冻结"止，对上式进行积分计算，便可得到 NO 的瞬时浓度。

2. Soot 生成模型

目前对炭烟生成过程的本质没有完全搞清楚，采用广安博之等人提出的模型仅能对 Soot 生成趋势做出预测。

考虑各分区的压力、温度和当量比，Soot 在经历生成和氧化过程后的净生成率为

$$\frac{\mathrm{d}m_s}{\mathrm{d}t} = \frac{\mathrm{d}m_{sf}}{\mathrm{d}t} - \frac{\mathrm{d}m_{so}}{\mathrm{d}t} \tag{4-33}$$

$$\frac{\mathrm{d}m_{sf}}{\mathrm{d}t} = A_f m_{fv} p^{0.5} \exp\left(\frac{-E_{sf}}{R_g T}\right) \tag{4-34}$$

$$\frac{\mathrm{d}m_{so}}{\mathrm{d}t} = A_o m_s Y_{O_2} p^{1.8} \exp\left(\frac{-E_{so}}{R_g T}\right) \tag{4-35}$$

式中，m_s、m_{sf}、m_{so} 分别代表 Soot 净质量、生成量和氧化量；E_{sf} 和 E_{so} 代表 Soot 生成和氧化的活化能常数；A_f、A_o 为根据试验结果确定的预设因子；m_{fv} 为燃料蒸气质量；Y_{O_2} 为氧气摩尔浓度。

3. DI-Jet 模型计算框图

模型的计算流程如图 4-2 所示。

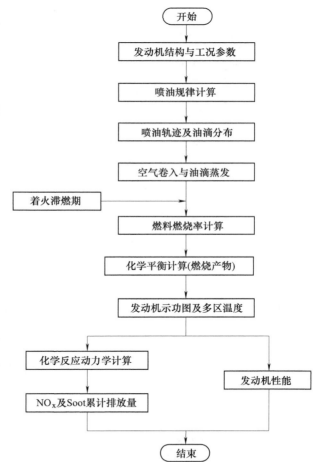

图 4-2　DI-Jet 燃烧模型的计算流程

4.4　发动机建模实现

根据增压发动机的各系统结构与功能将其简化成不同的子系统，包含进排气系统、中冷系统、涡轮增压系统、气缸、EGR 系统等，选择合适的物理模块，通过管道及接口将各子

系统连接起来，并设定环境边界条件，从而可以得到初步的仿真模型，所建立的增压发动机仿真模型如图 4-3 所示。

初步建立发动机物理模型以后，需确定仿真模型各模块参数的初始值。一般模型参数初始值的确定有以下四种方法：

1）根据结构特征确定参数值。

2）根据对发动机原理的理解，依据经验确定参数值。

3）根据试验数据确定参数初始值。

4）根据试验数据和发动机原理来计算某些参数值，并由此作为仿真模型计算的初始值。

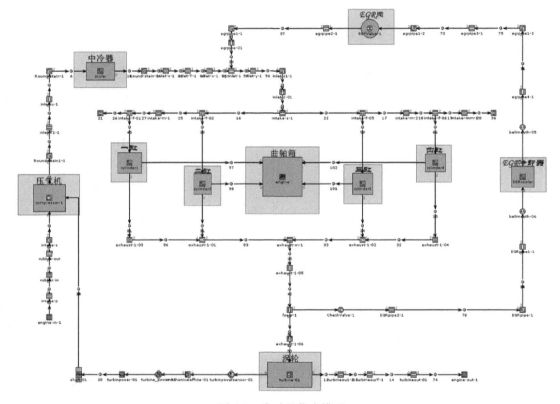

图 4-3　发动机仿真模型

以一台直喷式涡轮增压柴油发动机为原型机，其基本结构参数及运行参数见表 4-1。

表 4-1　基本参数表

	压缩比	17.5
发动机特征参数	冲程	4
	发火顺序	1-3-4-2
	排量/L	4.26
	供油系统	电控单体泵
	冷却方式	水冷

（续）

气缸几何形状	缸径/mm	110
	行程/mm	112
	连杆长度/mm	180
	活塞销偏移/mm	0
	活塞上止点间隙/mm	1.5
喷油系统	喷孔数目	7
	喷孔直径/mm	0.173
	喷油嘴凸出高/mm	3.3
	喷嘴开启压力/MPa	25~27
进排气门参数	进气门直径/mm	40
	进气门间隙/mm	0.35
	排气门直径/mm	35.9
	排气门间隙/mm	0.45
	配气相位	IVO：358°CA；IVC：-154°CA EVO：112°CA；EVC：366°CA
	气门升程曲线	见图4-4
增压器	压气机特性曲线	见图4-5
传热参数（经验值）	活塞顶表面温度/K	570
	气缸盖表面温度/K	550
	气缸套表面温度/K	400
初始状态	压力/MPa	0.1
	温度/K	298

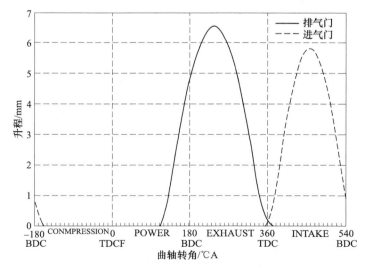

图4-4　进排气门升程曲线

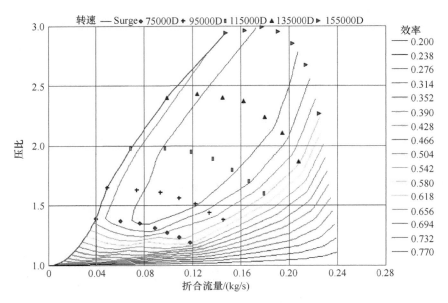

图 4-5　压气机通用特性曲线

发动机在正常运转过程中，时刻伴随着运动部件之间的摩擦损失、风阻损失、驱动附属机构的功率消耗及泵气损失。在评定发动机机械损失指标时，除了机械损失功率和机械效率外，还有平均机械损失压力 p_m，其定义为发动机单位气缸工作容积一个循环内的机械损失功。在仿真计算过程中，机械损失的估算采用如下计算公式：

$$p_m = p_{con} + A_1 p_{max} + A_2 C_m + A_3 C_m^2 \tag{4-36}$$

式中，p_{con} 为机械损失中的常数部分；p_{max} 为缸内最高爆发压力；C_m 为活塞平均速度；A_1、A_2、A_3 为经验常数，通过试验数据拟合得到。

4.5　模型的标定

发动机燃烧性能的预测精度，一方面依赖于对喷雾和燃烧过程的准确描述，另一方面模型的标定亦十分重要。因此，在初步建立的模型基础上，根据台架试验数据，对模拟计算中的边界条件以及燃烧模型中的重要参数进行调整，是发动机计算模拟的重要环节。本节仅针对燃烧模型的校核展开详细的探讨，其他系统的标定方法在此不做赘述。

4.5.1　数据采集

前文介绍的 DI-Jet 模型中有许多假设和简化，需要对某些物理常量进行标定，以适应不同的燃烧系统。根据标定需求，在原型机试验中采集必要的数据。表 4-2 详细列出了在 1300r/min 下的工况测试点，其他四个转速包含的测试点与之类似，不再详细列出。其中 1300r/min、1700r/min 和 2100r/min 的数据用于校核 DI-Jet 模型，而 1500r/min 和 1900r/min 两个转速工况用于校核后模型的验证。

表 4-2　1300r/min 转速下的测试工况

转速/r·min^{-1}	负荷（%）	循环喷油量/mg	喷油提前角/°CA	EGR 率（%）
1300	25	31.3	-0.5	0
	25	31.3	-0.5	29.2
	50	56.6	0.5	0
	70	79.9	1.5	0
	100	109.7	2.5	0

　　校核 DI-Jet 模型需要的数据种类极多，包含转矩、瞬态进排气压力、缸压、进排气平均温度、EGR 率、喷油量、喷油规律、喷油正时、进气流量以及排放数据。其中喷油规律通过测量油管中的喷油压力，然后计算得到，瞬态进排气压力传感器需安装在气道附近。

4.5.2　计算放热率和气缸内状态

　　发动机试验中，有一些关键参数很难通过传感器直接获得，如残余废气系数及放热率等，而这些参数对于 DI-Jet 模型的校核十分重要。基于缸内压力、瞬时进气压力和排气压力的三压力分析法（Three Pressure Analysis，TPA）是软件特有的分析方法，它不仅可以对缸内状态进行分析，还可用于和试验数据的相互印证。

　　为了方便计算，TPA 分析在简化后的单缸机模型上进行，它仅包含进排气系统、气缸、曲轴、喷油等子模块，并采用"EndEnvironmentTPA"模块，将采集到的瞬时进排气压力及温度值作为环境边界条件，TPA 分析模型如图 4-6 所示。

　　仿真过程中，在气门关闭时刻，气道中一般会产生压力振荡现象。而通过改变进排气流道的摩擦系数可以消除这种振荡。当气门关闭时，摩擦系数增加到很大值，而当气门开启时，摩擦系数恢复正常值，此操作通过设计的控制器实现。

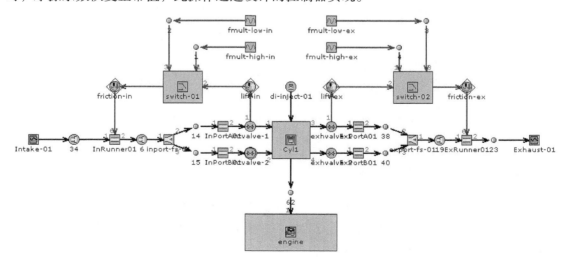

图 4-6　TPA 分析模型

　　仿真计算开始的第一个循环，模型自动设定残余废气质量等未知参数为默认值。在

进气状态已知的情况下，微调进气门流量系数及气缸传热系数，使进气行程段的缸内压力计算值与试验值基本保持一致（图4-7），并控制进气流量计算值在容许的误差范围内，即可完成进气过程的校核；继续调整压缩段的传热系数，使缸内压力在压缩行程亦有精确的估计值，压缩终了的缸内气体状态由未知变为已知；由测量的喷油参数和缸内压力等数据，并考虑传热因素，通过式（4-37）经逆向仿真运算，即得到燃烧放热率曲线；已知燃烧放热率曲线，再经正向仿真运算，可得缸内压力曲线的预测值；通过反复迭代计算与关键系数的调整，仿真收敛后便可求解出残余废气系数、放热率等关键参数，并实现了传热过程的标定。

$$\text{AHRR} = \frac{\left(-p\dfrac{\mathrm{d}V_{\text{tot}}}{\mathrm{d}t} - \dot{Q}_{\text{tot}} - \dfrac{\mathrm{d}(m_{\text{tot}}e_{\text{tot, s}})}{\mathrm{d}t} \right)}{m_{\text{f, tot}} \times \text{LHV}_{\text{i}}} \tag{4-37}$$

式中，V_{tot} 为气缸当前容积；Q_{tot} 为总传热损失；m_{tot} 为缸内混合气总质量；$m_{\text{f, tot}}$ 为燃油质量；LHV_{i} 为燃油低热值；$e_{\text{tot, s}}$ 为工质显能（工质在当前压力、温度和组分下的内能与参考状态下内能的差值）。

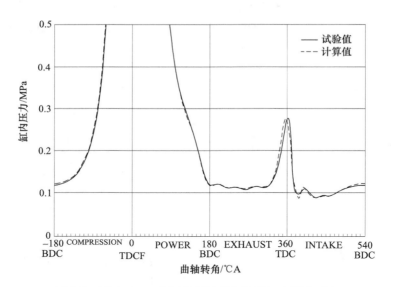

图 4-7　1300r/min、25%负荷进排气过程缸内压力对比

4.5.3　创建燃烧标定模型

用于 DI-Jet 标定的模型仅包含喷油、气缸和曲轴三个模块，并且只进行一个循环的求解。由于不包含进排气系统，仿真计算开始前，必须给出明确的缸内初始状态，一般由 TPA 分析法获得，并通过"EngCylInit"模块输入模型。

DI-Jet 燃烧模型包含许多待标定参数，以适应不同的燃烧系统。需确定的参数主要有 5 个：2 个与滞燃期相关［式（4-25）］，3 个与卷吸相关［式（4-23）］。5 个待标参数，通常取表 4-3 所列的数值作为仿真运算的初始值。

表 4-3 待标参数初始值

DI-Jet_CIGN1	0.33	DI-Jet_CBAIR	1
DI-Jet_CIGN8	0.75	DI-Jet_CWALL	1.75
DI-Jet_CAAIR	0.35		

4.5.4 滞燃期相关参数的标定

选择残余废气或 EGR 率小的工况点，并将 DI-Jet_CIGN1 设为变量，进行仿真，比较由燃烧标定模型计算得到的燃烧放热率和 TPA 方法得出的燃烧放热率，选择合适的 DI-Jet_CIGN1 值，使燃烧始点的预测值与试验值误差在容许的范围内。同样在大 EGR 率工况下，调整 DI-Jet_CIGN8，控制燃烧始点预测值与试验值的误差在容许的范围内。综合所有工况的仿真模拟结果，DI-Jet_CIGN1 取值 0.32，DI-Jet_CIGN8 取值 1.5。图 4-8 给出了在此取值情况下的放热率曲线，由于还未进行其他三个参数的标定，所以预测曲线与 TPA 分析曲线吻合度不高。

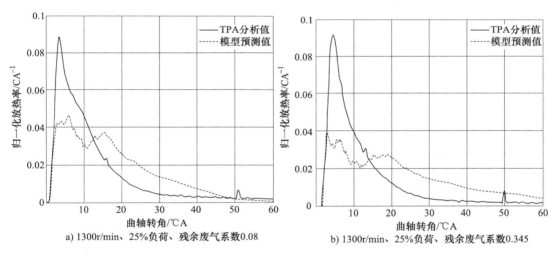

a) 1300r/min、25%负荷、残余废气系数0.08   b) 1300r/min、25%负荷、残余废气系数0.345

图 4-8 TPA 分析放热率与模型计算放热率曲线对比

4.5.5 卷吸相关参数的标定

由于涉及的参数和工况较多，为了提高校核效率及精度，故采用试验设计（DoE）优化技术对卷吸相关参数进行标定。DoE 技术是一门以数学建模、统计学理论、计算机辅助建模为基础，基于模型优化的前沿学科。

1. 试验设计（Design of Experiment，DoE）

DoE 开发流程的第一步是进行试验设计，即模型仿真样本的取点分布设计。成熟的试验设计方法有很多，如前文所述有经典设计、最优设计和空间填充设计 3 个大类。空间填充设计无法兼顾试验次数和建模可靠性，因此理论上效果不如最优设计，但是它不需要预先选定模型，这里采用的计算也较为简单。模型标定工作在工作站上开展，时间与成本均在合理范

围内，因此选择空间填充设计方法。拉丁超立方体（Latin Hypercube）抽样是空间填充设计的常见方式。选择 CAAIR、CBAIR、CWALL 作为 DoE 设计的输入参数，并以表 4-4 所列的数值范围为边界条件。图 4-9 给出了单个工况点下，取样点数为 150 时的拉丁超立方体抽样分布。显而易见，整个 DoE 优化过程包含的仿真点数达到了 2250 个（3 转速×5 负荷×150）。

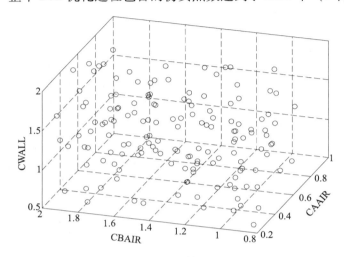

图 4-9 拉丁超立方体抽样取点分布

表 4-4 输入参数的边界条件

参数名称	最小值	最大值
DI-Jet_CAAIR	0.2	0.8
DI-Jet_CBAIR	0.8	2.0
DI-Jet_CWALL	0.5	2.0

2. 回归响应模型的建立

按照上节所述的样本取点方案进行仿真并采集数据，而后基于仿真数据创建回归模型，这是 DoE 开发流程的第二个环节。创建回归模型的目的是将待标参数和输出参数（响应）之间的关系用精确的数学模型进行详细描述。模型的输入参数为 CAAIR、CBAIR、CWALL，输出参数为缸内压力预测值与试验值的均方根误差（P_RMSE）、燃料燃烧比例（F_Burned）。选择多项式模型进行回归建模，模型的阶数越大，对测量数据的匹配能力也越强，但建模所需的数据量也会增加，从而增加试验设计和建模计算的负担，因此需要选择合适的模型阶数，以求在仿真成本和预测精度之间取得平衡。

多项式模型系数的确定基于线性回归原理，而在系数确定之前，需要对仿真数据进行初步筛选，一般认为各工况下燃料能够完全燃烧，所以 F_Burned 小于 0.95 的仿真数据都归为异常值，并从数据库中剔除。分别选用简单的标准 2 阶多项式和 2 次交叉项 3 阶多项式进行数据模拟，并以均方根误差（Root Mean Squared Error，RMSE）作为模型评价参数，评估模型与建模数据的拟合程度。该值越小，代表模型值与仿真数据越接近。RMSE 定义为

$$RMSE = \sqrt{\frac{\sum_{i=1}^{n}(y_{o,i} - y_{p,i})^2}{n}}$$

(4-38)

式中，$y_{o,i}$代表建模数据中的响应值，$y_{p,i}$为模型的响应值，n为每个工况下的取样点数。

图 4-10 为在 15 个仿真工况下 2 阶多项式和 2 次交叉项 3 阶多项式模型之间的 RSME 对比。可以看出，2 次交叉项 3 阶多项式模型的数据拟合程度高于 2 阶多项式模型。

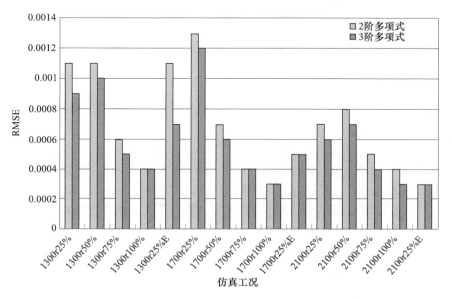

图 4-10 不同阶次的模型 RSME 数据比较

残差的置信度可以帮助我们分析模型拟合的准确性。正常情况下，标准化残差遵从标准正态分布 $N(0, 1)$，其定义如式（4-39）所示。数据的标准化残差置信度为 95% 时的置信区间是（−2，2），若某一试验点的标准化残差落在此区间以外，可将其判为异常数据点（图 4-11），不参与回归拟合。剔除 95% 置信区间外的数据后，重新进行拟合，改进后的某一工况的模型系数见表 4-5。

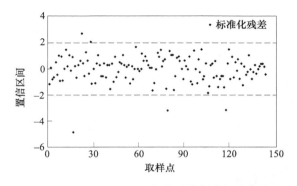

图 4-11 1300r/min、25% 负荷下数据的标准化残差

表 4-5　1300r/min、25％负荷模型的系数

常数项	0.0089	常数项	0.0089
CAAIR	0.0017	CAAIR 2	0.0049
CBAIR	0.0053	CBAIR 2	0.0063
CWALL	0.0004	CWALL 2	0.0041
CAAIR · CBAIR	0.0063	CAAIR 3	−0.0015
CAAIR · CWALL	0.0072	CBAIR 3	−0.0029
CBAIR · CWALL	0.0021	CWALL 3	−0.0019

$$e_{s,\ i} = \frac{e_i - e_m}{\sigma},\ e_i = y_{o,\ i} - y_{p,\ i}\ (i = 1,\ 2,\ \cdots,\ n) \tag{4-39}$$

式中，$e_{s,\ i}$ 为标准化残差，e_i 为数据残差，e_m 为残差均值，σ 为残差的标准差。

3. 参数优化及验证

回归模型建立以后，即可在仿真软件中对待标参数进行自动优化。优化目标为：对于所有工况，P_RMSE 的加权平均值取最小。得到的最优参数见表 4-6。将最优参数输入燃烧模型的标定模型，重新仿真，即可对优化效果进行检验（图 4-12）。值得注意的是，由于所得参数是综合所有校核工况优化的结果，因此所选参数对某一工况可能并非最佳。

表 4-6　卷吸相关参数的优化结果

DI-Jet_CAAIR	0.78
DI-Jet_CBAIR	1.28
DI-Jet_CWALL	1.02

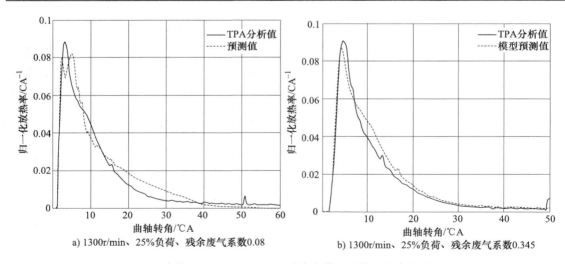

a) 1300r/min、25％负荷、残余废气系数0.08　　　b) 1300r/min、25％负荷、残余废气系数0.345

图 4-12　参数校核后 TPA 分析放热率与模型计算放热率曲线对比

4.5.6　模型的整体校核

在完成 DI-Jet 燃烧模型标定之后，将优化后的参数输入原机模型，并选取 1500r/min 和

1900r/min 工况对模型进行了整体校核及验证。1500r/min 下仿真结果与试验结果对比见表 4-7，可以看出，除排放性能外，其他主要性能参数与试验数据基本吻合，预测数据的误差一般在 5% 以内。预测结果与试验结果的 NO_x 和 Soot 排放量在数值上有较大差别，尤其是 Soot 排放量，其预测误差最大超过了 100%，但两者的 NO_x 和 Soot 排放趋势基本一致，因此可以利用此模型对缸内排放的生成趋势进行定性分析。通过对比歧管的进排气压力可以发现，在负荷大于 50% 以后，平均进气压力高于排气压力，仅依靠气压波动将无法实现 EGR。图 4-13 给出了 1500r/min 缸内压力曲线的仿真与试验结果对比，从图中可以看出，标定后的模型对燃烧过程的模拟获得了较好的结果，只在燃烧初始阶段存在一定的误差。

表 4-7　1500r/min 仿真与试验结果对比

名称	类型	转矩 /N·m	进气压力 /MPa	排气压力 /MPa	空气流量 /kg·h^{-1}	NO_x (10^{-6})	Soot /mg·m^{-3}
25%负荷	试验	150	0.129	0.137	215	572.4	1.72
	仿真	148.8	0.129	0.138	213.5	490.0	1.70
25%负荷 24.6%EGR 率	试验	145	0.110	0.114	149	199.5	16.14
	仿真	142.7	0.113	0.117	142.3	157.8	26.1
50%负荷	试验	290	0.155	0.156	282	838.0	2.78
	仿真	280.7	0.154	0.154	279.2	766.7	0.86
75%负荷	试验	441	0.194	0.186	343	927.5	4.02
	仿真	438.5	0.196	0.188	340.1	1113.5	3.60
100%负荷	试验	590	0.229	0.212	408	875.3	5.73
	仿真	585.7	0.228	0.21	402.8	980.4	13.61

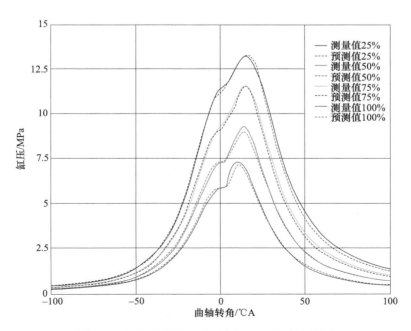

图 4-13　缸压曲线的对比（1500r/min）（见彩插）

图 4-14 分别给出了 1500r/min、25%负荷时歧管内进、排气压力的仿真与试验测量结果的对比图。从图中可以看出，进排气压力在整体趋势上比较吻合，满足仿真计算的需求。

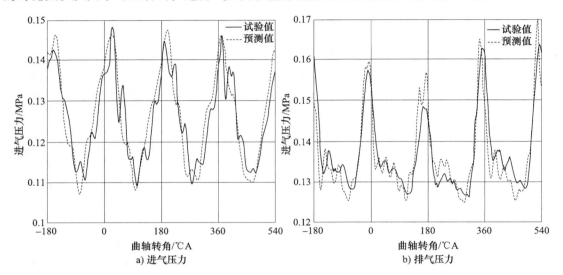

图 4-14　1500r/min、25%负荷下瞬态进排气压力试验与预测曲线的对比

通过以上标定对象物理模型的建立，可以开展各项发动机性能的仿真分析，从而可以为各项标定环节提供初始的参数。按照目前仿真计算的水平，这些数据完全可以支撑动力总成实现基本特性获取，这里提取发动机性能仿真数据将作为前文所述的统计建模的数据输入。

第5章

发动机基于模型标定的应用

完成了基于模型标定的基本原理介绍以及标定对象建模后，本章将以发动机为对象进行这种标定方法的应用介绍。通过本章，读者可以掌握这种标定方法的具有实现步骤。本章内容也是后续章节试验验证的前提。应用对象为上一章介绍的电控单体泵涡轮增压柴油发动机。利用 Matlab 的 MBC 工具箱等进行试验设计并建立发动机的数学统计模型，进而完成离线标定，获得优化控制参数，从而可进行后续的实际台架标定验证。

5.1 标 定 目 标

标定的问题在于，发动机的喷油正时和 EGR 阀开度对于排放性能和经济性均有影响，甚至是矛盾的关系。采用基于模型的标定方法，希望能够在满足排放标准的前提下，使得油耗水平最优，从而得到这些工况下的最佳喷油正时和 EGR 阀开度 MAP，以及与之对应的循环供油量 MAP，从而可以将这些 MAP 写入真实 ECU 中，进行台架验证。

系统的变量包含转速 N（mearpm）、循环喷油量 Q（basefuelmass）、EGR 阀开度（egragl）、喷油提前角 A（soi），工况点由转速和循环喷油量确定。优化的目标是最低燃油消耗率 b_e，约束条件是 NO_x 排放限值。具体通过以下几个步骤实现。

1) 确定需要优化的变量为循环喷油量 Q、EGR 阀开度、喷油提前角 A，优化目标为燃油消耗率 b_e，约束为 NO_x 排放，进行试验设计，以获取输入变量的试验设计空间。

2) 采用上一章建立的标定对象模型，通过计算获得试验设计所需的发动机输入输出性能数据库，采集响应值为转矩 T_{tq}、NO_x 排放。

3) 由获取的输入输出性能数据建立标定对象的两阶段统计模型，其中试验设计和统计建模在 MBC 工具箱中完成。

4) 将获取的发动机统计模型导入 CAGE（Calibration Generation）工具箱中进行优化，最终获取该标定对象的 EGR 阀开度、提前角和循环油量的 MAP 图。

5.2 试 验 设 计

试验设计选取转速 N、循环喷油量 Q、EGR 阀开度为全局变量，喷油提前角 A 为局部变量。在试验设计前根据经验给出各个参数变量的范围，见表 5-1。

由表 5-1 可知，如果采取传统的试验方法，即使每个变量取十个水平，则试验点数也是 10^4 级别，试验量巨大，若采用试验设计方法，则可极大地减少试验量。

表 5-1 试验设计变量范围

变量名称	最小值	最大值
mearpm/（r/min）	1300	2300
basefuelmass/（mg/str）	33	127
egragl/（°）	0	90
soi/（°）	0	12

本次试验设计根据工作量选取 65 个全局工况点，对于每个全局工况点，扫描喷油提前角，每个全局工况点处扫描 7 个喷油提前角，故共有 455 个试验工况点。利用这些数据点，可进行试验设计的开发工作。

5.2.1 选取试验设计方法

依据前文所述，试验设计主要分为三大类，即经典试验设计、空间填充试验设计、最优试验设计。试验设计在基于模型标定的整个过程中具有重要的作用，好的试验设计既可以较好地捕获发动机的输入输出特性，又可以节约大量时间，故试验设计决定着基于模型标定的质量和效率。基于各试验设计的理论可知，相比于经典试验设计和空间填充试验设计来说，最优试验设计在相同的边界条件下，所需的试验点最少，效率更高。最优试验设计通过统计学计算得到针对某一个选定模型的最合理试验工况点分布，是一种能够在试验之前减小统计建模误差的措施。综上，这里选取了最优试验设计。

在 MBC 工具箱中共有三种最优试验设计，分别为 D 最优设计、V 最优设计、A 最优设计。由于 A 最优设计是求逆运算，因此比 D 最优设计复杂，优化结果又没有明显优势，一般 D 最优设计和 V 最优设计就足以满足最优设计的要求，A 最优设计较少运用。图 5-1、图 5-2 所示分别为应用 D 最优试验设计和 V 最优试验设计的全局工况点分布。

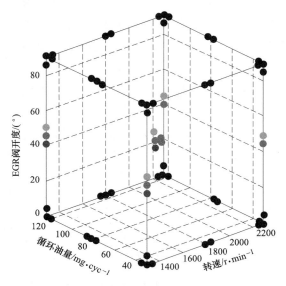

图 5-1 D 最优试验设计工况点分布

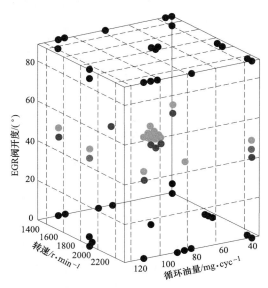

图 5-2 V 最优试验设计工况点分布

在最优试验设计计算结束时，MBC 工具箱会同时给出最优试验设计的评价标准，即每种最优试验设计的 D、V 值，见表 5-2。由前面章节的理论可知，D 值越大代表设计越好，V 值是越小越好。不同的优化标准总体上有着相同的优化趋势，但在局部还有矛盾，算法不同，其倾向某个标准的程度是不同的。如对 D 最优试验设计来说，更有利于 D 值的优化。本次试验设计对比同样 65 个全局工况点的 D 最优设计和 V 最优设计，计算结果表明，V 设计相比 D 设计，在 D 值相对减小较少的情况下，V 值有明显减小，综合考虑，试验设计采用了 V 最优试验设计。

表 5-2　最优试验设计评估值

类型	D 值	V 值
D-Optimal	3.38	0.11
V-Optimal	3.14	0.08

同时为了对下阶段建立的发动机统计模型进行评价，需要设计一组校验数据，此处仍采用 V 最优试验设计，取 10 个全局工况点作为校验点。这样，在统计模型建立好之后，将发动机校验点的输入输出性能数据导入 MBC 工具箱，即可观察建立的两阶段统计模型对原机性能的总体覆盖程度。计算校验点的 D 优化值、V 优化值分别为 1.15、0.74。校验点的试验设计空间如图 5-3 所示。

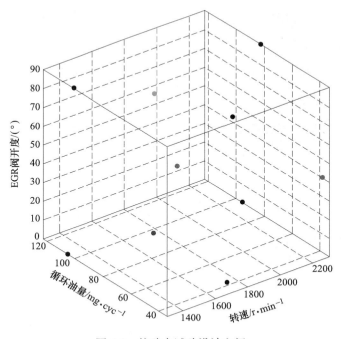

图 5-3　校验点试验设计空间

5.2.2　获取标定对象性能数据库

对于基于模型标定方法而言，常用获取发动机原始数据的方法主要有两种，即台架试验

或仿真计算。对于产品开发，在有充裕试验条件保证的前提下，可以直接获得大量数据，同时需投入大量的物力财力；在仿真模型得到良好校核的前提下，采用仿真方法获得性能数据可以节省物力财力，提高开发效率，或许在数据精度方面不如试验，但对于标定初值的获取已经可满足要求，故而本文采用仿真模型获得发动机性能数据。对于工业界应用，将这里的仿真数据用试验数据替代，仍可采用本标定方法。

利用模型对前面获取的试验工况点进行计算，获取了发动机输入输出性能数据库，共65 个全局工况点，在每个全局工况点处扫描 7 个喷油提前角，最终仿真点共有 455 个。仿真时的四个输入变量为转速、循环油量、EGR 阀开度、喷油提前角，仿真采集数据为转矩、功率、EGR 率、空燃比、NO_x 排放量、排温和燃烧爆发压力。

为提高后续建立的统计模型可信度，需要统计模型的校验数据，由校验试验设计空间可知，本次校验数据共 10 个全局工况点，并在每个工况点处扫描 7 个喷油提前角值，可利用台架试验获取校验性能数据。

对于前面获取的数据进行筛选，以选取合适的数据进行两阶段统计建模，模型的基础为发动机性能数据库，所以，有必要剔除实际应用中无法采用的数据点，且个别边界点有可能对模型的质量有较大的影响。结合实际发动机情况，对仿真后的数据库进行筛选，依据发动机的基本设计指标，将爆发压力大于 16.5MPa 或涡前排温超过 750℃ 的点去除，共计筛除19 个数据点。数据筛选可借助 MBC 工具箱数据编辑功能实现，如图 5-4 所示。

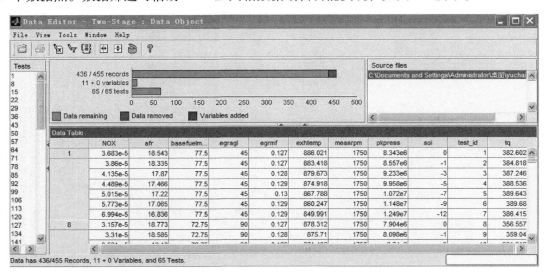

图 5-4　建模数据筛选

5.3　统计模型建立

在基于模型的标定过程中，首先建立用来预测不同的标定参数下发动机性能输出的响应模型。建立该模型的目的是模拟单体泵发动机运行过程中，可标定的调整参数对性能参数的影响。例如，预测当电控单体泵发动机 EGR 阀开度或喷油提前角变化后，发动机转矩的变化以及 NO_x 排放的变化等。显然，该模型的优劣将决定着各个控制参数的预测能力，最终

决定了发动机控制参数的优化效果。

采用分阶段的标定流程。在试验的第一阶段，固定转速、循环喷油量、EGR 阀开度，然后对提前角进行扫描，获得发动机性能随提前角变化的影响关系，这里所提到的发动机性能主要包括转矩代表的动力性和油耗代表的经济性，以及 NO_x 排放等。第二阶段是指改变转速、循环喷油量、EGR 阀开度，重新扫描提前角，获得全局条件改变后发动机性能随提前角变化的影响规律。由此可知，发动机标定过程属于分阶段重复过程，因此在建模过程中要能够直观地反映出不同阶段发动机的特性。在获取发动机性能数据的过程中，要反映出两种变化的影响。其一为每一个样本内重复测量的差异，即提前角的变化对发动机性能的影响；另一个为不同的测量样本间的差异，即改变了转速、循环油量、EGR 阀开度的提前角变化对发动机性能的影响。

对标定对象进行了两阶段统计建模。在建模过程中局部模型给出相对于局部变量测试（这里即为喷油提前角）的最好的曲线拟合，每个全局工况点即为一个测试组，每个测试组内对提前角进行扫描，得出在转速、循环油量、EGR 阀开度恒定的情况下转矩随提前角变化的关系曲线，如图 5-5 所示，即为一个全局工况点扫描提前角获取的局部模型拟合曲线。

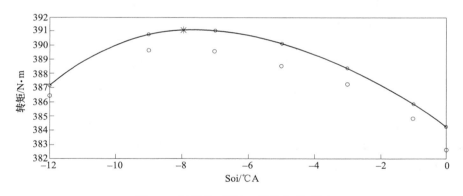

图 5-5　局部模型转矩-提前角关系图

局部模型提供了产生全局模型的回归系数，如图 5-5 所示的曲线代表的方程则拥有最大转矩和节点（最大转矩对应的提前角值）两个系数。在全局空间的不同位置，对每组测试进行局部模型拟合，每个局部模型都拥有最大转矩和节点等系数，这些系数即成为全局模型拟合的对象数据。采用最大转矩和节点等作为系数来构成第二阶段模型是较直观的，比起其他抽象参数，一般工程师可以对类似转矩、提前角值这样的特征量，在全局空间范围内怎样变化有基本的预期。这种变量选取的方法对发动机统计模型的建立及效果十分重要。

全局模型即是对每组测试的节点、提前角值等系数的最佳拟合曲线。对每个系数进行同样的拟合过程，得出数个对于局部模型不同系数拟合的全局模型。这些系数也可以称作局部模型的响应特征。图 5-6 所示为整个工况区间中最大转矩的全局模型。

而两阶段模型为在所有全局模型之间的曲面拟合，来描述所有全局变量的行为。局部模型和全局模型的基本关系可用图 5-7 所示的直观关系来描述。

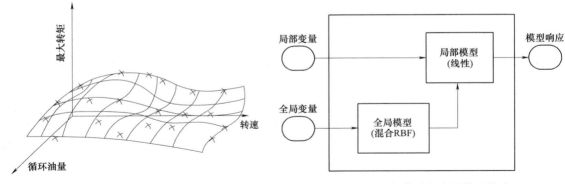

图 5-6　最大转矩的全局模型关系图　　　　　图 5-7　局部模型和全局模型关系

5.3.1　模型选取

将前面经过筛除剩余的 436 组数据点导入 MBC 工具箱进行两阶段统计建模。建立了转矩、EGR 率、NO_x 排放量、空燃比、涡前排温和爆发压力的响应模型。下面介绍转矩模型的建立过程，其他响应模型的建立过程类似。

需要完成提前角和转矩之间的拟合曲线。根据以往经验，对于单输入的情况来说，局部模型建模常采用多项式或多项式样条模型。样条是一种特殊的函数，由多项式分段定义。在插值问题中，样条插值通常比多项式插值效果更好。用低阶样条插值能产生和高阶多项式插值类似的效果，并且可以避免被称为"龙格现象（Runge）"的数值不稳定问题，且低阶的样条插值还具有"保凸"的重要性质。鉴于样条函数的诸多优点，本节的局部模型采用多项式样条函数。样条函数的分段函数结合点称为节点，本模型采用一个节点，节点两端函数的阶数可以根据需要选取。本文所用样条曲线为

$$T_q = \beta_0 + \sum_{a=2}^{c} \beta_{Low\_a} \left(soi - k \right)_-^a + \sum_{b=2}^{h} \beta_{High\_b} \left(soi - k \right)_+^b \tag{5-1}$$

式中，$\left(soi-k \right)_- = \min\{0, \left(soi-k \right)\}$，$\left(soi-k \right)_+ = \max\{0, \left(soi-k \right)\}$；$T_q$ 为响应转矩；soi 为提前角；β_0、β_{Low_a}、β_{High_b} 为拟合常数；k 为节点位置；β_0 对应曲线的最大转矩值。

k、β_0、β_{Low_a}、β_{High_b} 是局部模型的回归系数，即所要拟合的全局模型。对于全局模型的拟合本文采用混合 RBF 模型，即 RBF 模型加二次多项式模型。RBF 模型有诸多优点，诸如该模型是局部逼近网络，对于训练样本来说，只需少量权值和阈值来进行修正，训练速度较快，也即收敛速度较快，同时网络规模较小，计算量也较小，拥有鲁棒性，且没有局部极小等情况。

全局模型的数学表达式如式（5-2）~式（5-5）所示。令 $h = [n, Q, EGR]^T$，n 为转速、Q 为循环油量、EGR 代表 EGR 阀开度。则有

$$k = m_0 + \sum_{i=1}^{3} m_i h_i + \sum_{i=1}^{3} \sum_{j=i}^{3} m_{ij} h_i h_j + RBF \tag{5-2}$$

$$\beta_0 = n_0 + \sum_{i=1}^{3} n_i h_i + \sum_{i=1}^{3} \sum_{j=i}^{3} n_{ij} h_i h_j + RBF \tag{5-3}$$

$$\beta_{\text{Low\_2}} = l_0 + \sum_{i=1}^{3} l_i h_i + \sum_{i=1}^{3} \sum_{j=i}^{3} l_{ij} h_i h_j + \text{RBF} \qquad (5\text{-}4)$$

$$\beta_{\text{High\_2}} = r_0 + \sum_{i=1}^{3} r_i h_i + \sum_{i=1}^{3} \sum_{j=i}^{3} r_{ij} h_i h_j + \text{RBF} \qquad (5\text{-}5)$$

本文使用最常使用的径向基函数，即高斯核函数：$Z(x) = \exp\left(\dfrac{\parallel x - u \parallel^2}{\sigma^2}\right)$，其中 u 为核函数中心，σ 为核函数的宽度参数，控制基函数的径向作用范围。高斯函数表现形式较为简单，即使对于多个输入变量，其复杂项也不会增加太多，且光滑性较好，存在任意阶的导数，同时解析性较好，便于分析。

5.3.2 模型校核准则

建立了两阶段模型之后，对于模型的精确程度，需要进行评价和考量，从而对使用模型的效果有所预期。选取合适的模型拟合程度评价标准很重要。常规模型的评价一般来说是以模型与数据之间的拟合程度为准的，本质来说是误差平方和的根，即 RMSE。当模型在每一个试验数据点处的拟合值都与试验值之间的误差很小时，RMSE 的值会较小，较高的值预示着模型的精度较差。

但是，过于追逐穿过每个数据点可能会导致过度拟合，模型拥有过于复杂的结构，结果降低了模型对于不在数据点处的其他工况点的预测能力，所以必须同时给出防止过度拟合的评价标准。常用的防止过度拟合的统计学工具是 PRESS RMSE（Predicted sum of squares）。PRESS RMSE 与 RMSE 的计算方式大致相似，其不同之处在于，计算 PRESS RMSE 时，首先去除某一个数据点，然后让模型预测出在该点的值，计算出 RMSE 值，之后对每一个数据点进行同样的计算过程，最后取各次计算的 RMSE 的平均值作为 PRESS RMSE。如果 PRESS RMSE 的值比 RMSE 的值大出许多，则该模型出现了过度拟合，需对所建立的模型进行修正。

最终，当模型对试验数据点处以及数据点之间的区域都有了较好的预测时，仍需对模型做最后一步检验，即与校验数据点进行比较。通过将已获得的发动机台架试验的校验数据导入 MBC 工具箱，计算模型对校验数据的 RMSE 值。将校验 RMSE 值与原模型的 RMSE 值进行比较来评价模型拟合的效果。

5.3.3 模型建立

对于本次建模过程，局部模型为多项式样条，且该样条多项式节点前后的阶数都为二阶。节点前后二阶的多项式样条可满足对象的建模需求。下面选取适合全局特征的混合 RBF 模型，即选取 k（即 knot）、β_0（即 max）、$\beta_{\text{Low\_2}}$、$\beta_{\text{High\_2}}$ 四个特征值的混合 RBF 模型。混合 RBF 模型的线性部分采用二次多项式。对于 RBF 模型来说，不同的核心数对模型的拟合效果影响较大。故这里在 MBC 中对比计算了不同核心数的混合 RBF 模型对全局特征的拟合效果，最终选取结果及其统计评价指标见表 5-3。图 5-8 ~ 图 5-11 所示为 k、β_0、$\beta_{\text{Low\_2}}$、$\beta_{\text{High\_2}}$ 四个全局特征的拟合结果。

混合 RBF 模型的核心数越多，则模型对数据点的跟随越紧密，模型的结构也越复杂，

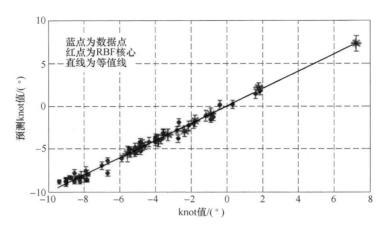

图 5-8　k 特征拟合模型（见彩插）

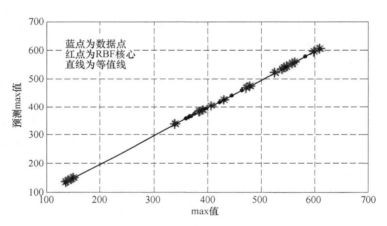

图 5-9　β_0 特征拟合模型（见彩插）

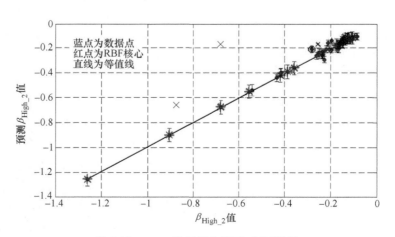

图 5-10　β_{High_2} 特征拟合模型（见彩插）

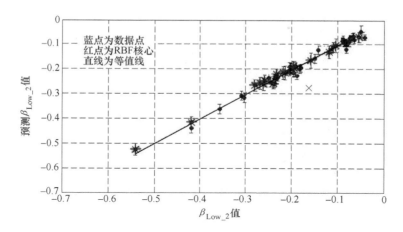

图 5-11　β_{Low_2} 特征拟合模型（见彩插）

如果核心数过多，则会出现过度拟合，模型对除了数据点以外的点的预测能力反而会下降，同时模型结构复杂，计算效率降低。故通过计算由评价指标选取合适的模型复杂度非常重要。

由表 5-3 所列的统计指标可知，各个全局特征拟合模型的 RMSE 值和 PRESS RMSE 值相差不是很大，且各全局特征的 RMSE 值较小。两项统计指标表明本次对全局特征的建模是成功的，模型对数据的拟合较好，未出现过度拟合，拟合结果可以接受。

表 5-3　全局特征的统计参数表

参数名称	观测数据组	模型参数个数	RMSE	PRESS RMSE	RBF 核心数
k	64	16	0.461	1.059	10
β_0	63	32	0.624	0.909	30
β_{Low_2}	63	23	0.015	0.023	20
β_{High_2}	61	25	0.027	0.106	30

完成上述工作，则由局部模型和全局模型的拟合结果可得两阶段模型对转矩的拟合结果。图 5-12 所示为两阶段统计模型对发动机转矩的拟合曲线与原始数据点关系图。绿色曲线为两阶段模型估计出的每组试验结果的拟合曲线，曲线上的绿色点为在试验处的模型估计值，蓝色点为原始试验数据点，可见拟合效果与实际工作情况基本吻合。

由于篇幅有限，本文在图 5-12 中仅给出了 65 组全局工况点中前 20 组的拟合情况。对于全部数据拟合出的两阶段模型的两阶段 RMSE 值为 1.7，校验 RMSE 值为 6.33。由于标定对象的最大转矩为 590N·m，这样的 RMSE 值和校验 RMSE 值是可以接受的，两阶段模型的拟合较为准确。

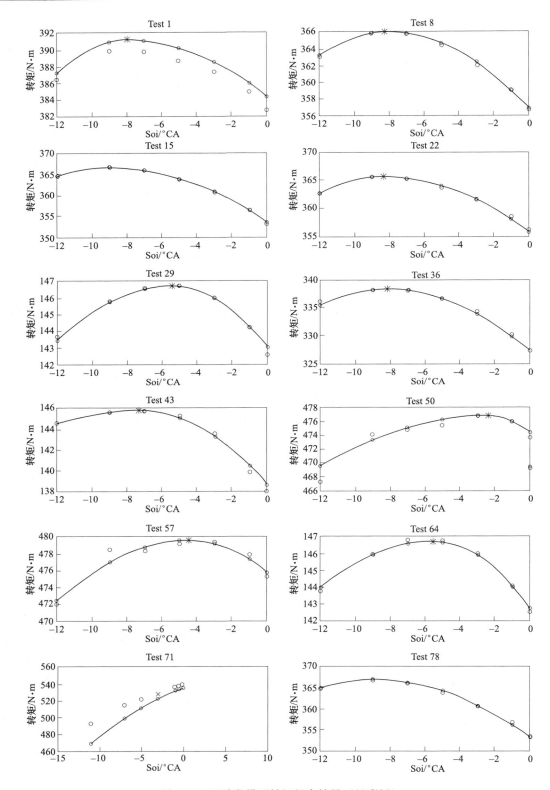

图 5-12　两阶段模型转矩拟合结果（见彩插）

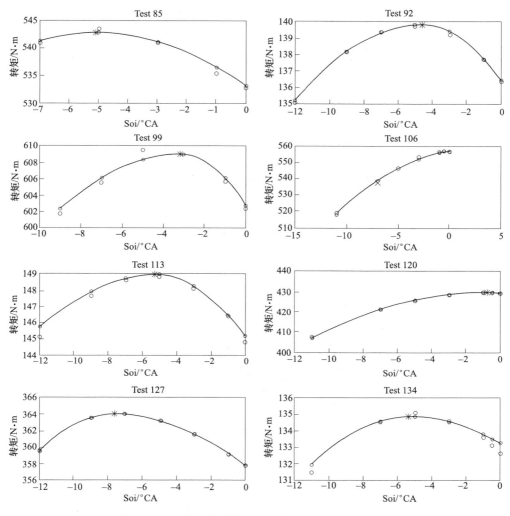

图 5-12　两阶段模型转矩拟合结果（见彩插）（续）

最终拟合得到四个全局特征量的数学模型表达式为

$$k = -7.9765 - 2.4238n + 1.1905Q - 0.54598 \times \text{EGR} + 2.7068n^2$$
$$- 1.7187nQ + 1.8944Q^2 + 1.3983Q \times \text{EGR} + 1.4315 \times \text{EGR}^2 + (\text{RBF} - 10) \quad (5\text{-}6)$$

$$\beta_0 = 322.2853 - 26.95885n + 219.1412Q + 2.235144n^2 - 27.21098nQ$$
$$+ 7.963119n \times \text{EGR} - 10.43544Q \times \text{EGR} + 5.375736 \times \text{EGR}^2 + (\text{RBF} - 30) \quad (5\text{-}7)$$

$$\beta_{\text{Low\_2}} = -0.19312 + 0.054748n - 0.067004Q + 0.0020113 \times \text{EGR}$$
$$+ 0.03296n^2 + 0.056224Q^2 + (\text{RBF} - 20) \quad (5\text{-}8)$$

$$\beta_{\text{High\_2}} = -0.1885 - 0.055088n - 0.089732Q - 0.02176 \times \text{EGR} + 0.016372n^2$$
$$- 0.014038nQ - 0.031023Q \times \text{EGR} - 0.027937 \times \text{EGR}^2 + (\text{RBF} - 30) \quad (5\text{-}9)$$

其中 RBF-10 是指带有 10 个核心数的径向基函数。至此，完成了标定对象的转矩响应的两阶段统计模型。EGR 率、NO_x 排放、空燃比、涡前排温、爆压等两阶段统计模型的建立过程与转矩模型的建立过程类似，不再赘述。

5.3.4 模型响应

依据前文建立的两阶段统计模型，进一步进行推导，还可以得到该发动机的燃油消耗率模型：

$$\text{bsfc} = \frac{3600 \times \text{basefuelmass}}{\pi \cdot T_{tq}} \tag{5-10}$$

式中，bsfc 为燃油消耗率，单位为 g/kW·h；basefuelmass 为循环油量，单位为 mg/cyc；T_{tq} 为转矩，单位为 N·m。

前面建立的模型从统计学的角度来说，拟合良好。更进一步，结合标定对象——发动机的工作特性，去观察模型的输出结果是否反映了发动机响应的实际情况。通常，从标定对象的低速低负荷、低速高负荷、高速低负荷、高速高负荷四种工况出发，去分析转矩模型的响应。

（1）低速低负荷工况下提前角和 EGR 阀开度对转矩和油耗率的影响

$n = 1500 r/\text{min}$、$Q = 45 \text{mg/cyc}$ 时，提前角和 EGR 阀开度对发动机转矩和油耗率的影响关系如图 5-13 所示。

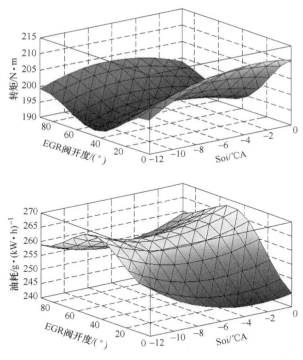

图 5-13　转矩和油耗率随提前角和 EGR 阀开度变化趋势

（2）低速高负荷工况下提前角和 EGR 阀开度对转矩和油耗率的影响

$n = 1500 r/\text{min}$、$Q = 95 \text{mg/cyc}$ 时，提前角和 EGR 阀开度对发动机转矩和油耗率的影响关系如图 5-14 所示。

（3）高速低负荷工况下提前角和 EGR 阀开度对转矩和油耗率的影响

$n = 2300 r/\text{min}$、$Q = 45 \text{mg/cyc}$ 时，提前角和 EGR 阀开度对发动机转矩和油耗率的影响关系如图 5-15 所示。

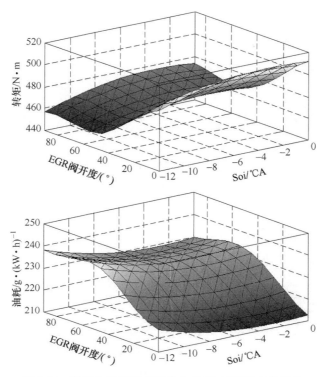

图 5-14 转矩和油耗随提前角和 EGR 阀开度变化趋势

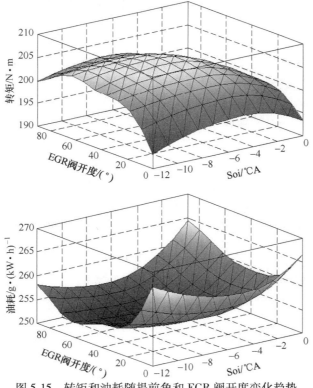

图 5-15 转矩和油耗随提前角和 EGR 阀开度变化趋势

（4）高速高负荷工况下提前角和 EGR 阀开度对转矩和油耗率的影响

$n = 2300 \mathrm{r/min}$、$Q = 100 \mathrm{mg/cyc}$ 时，提前角和 EGR 阀开度对发动机转矩和油耗率的影响关系如图 5-16 所示。

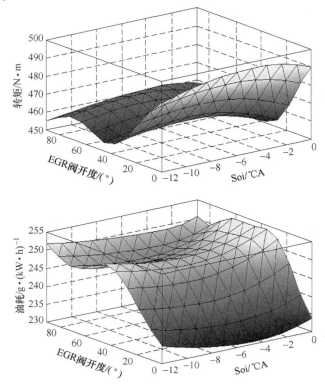

图 5-16 转矩和油耗率随提前角和 EGR 阀开度变化趋势

参考标定对象的基本试验性能数据，分析图 5-13 ~ 图 5-16 所示模型的预测情况。在 1500r/min 和 2300r/min 两个转速处，随着油量增大，模型预测转矩增大正常，且随着提前角和 EGR 阀开度的增大，转矩变化趋势符合该发动机实际情况。从图中情况可知，并不是提前角越大越好，而是有一个最佳值。合适的 EGR 开度选取也非常重要，从高低转速的转矩表现来看，在大负荷时，随着 EGR 阀开度的增大，转矩下降较为明显，因此在大负荷工况，为了适应发动机动力性的需求，常采用小 EGR 率或不采用 EGR，这也符合实际的 EGR 控制策略。综上的建模及校核过程，表明建立的两阶段统计模型可用，可为后续标定优化奠定基础。

5.4 标定优化

完成统计建模后，可以开始标定优化工作。将建立的标定对象两阶段统计模型导入 CAGE 工具箱中，进行约束条件下的标定。针对前文的标定问题，目标为使该发动机在满足一定排放约束的前提下，实现油耗最低。下面仅以排放物中的 NO_x 为代表，来介绍这种优化方法，引入更多排放约束时，依此类推。

5.4.1　优化策略

标定优化工作分为两部分。第一步为全局优化，这里所谓全局优化是指通过优化给出整个试验设计空间范围内的控制参数的优化值，即通过对试验设计空间内均布的较多工况点进行优化，然后将优化结果插值得到整个工况范围内的优化 MAP 图。第二步为局部工况点加权优化，这里仅以车用重型发动机必须通过 ESC（European Stationary Cycle）十三工况点试验为例，对于加严的法规可替换此约束。在整个优化过程中，优化目标为最低燃油消耗率，在第二步优化中，约束为 NO_x 排放的十三工况加权值。优化过程属于有约束的单目标优化过程，如图 5-17 所示。针对其他不同的优化目标，流程基本相近。

加权优化目标里的 NO_x 排放和油耗指的是整个驾驶循环工况的总值，并不是针对每一个单独的工况点而言，所以需要明确标定对象在不同工况点处的加权系数。排放工况点的加权值一般按照相关的排放法规来进行分配。本文将按照车用压燃式发动机排放测量法规（GB 17691—2018）要求的十三工况为例进行优化。

为了使问题简化，油耗的加权值将采用和排放等同的加权分布图。根据法规规定，怠速工况是个常用工况点，其控制参数的优化有特

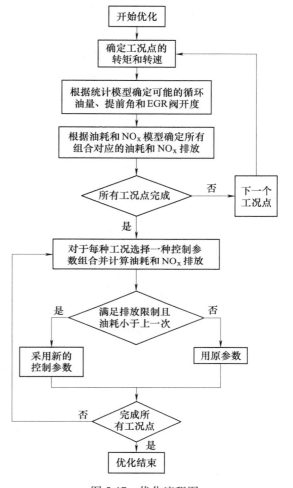

图 5-17　优化流程图

殊的要求，需要单独进行标定。按照上述排放法规规定，NO_x 的排放限值为 5.0g/kW·h，此限值是由比排放的方式给出，依据标准规定，比排放量可由式（5-11）计算得到：

$$BSNO_x = \frac{\sum [NO_{xmass}]_i W_i}{\sum Pe_i W_i} \tag{5-11}$$

式中，W_i 为第 i 个工况点的加权值；Pe_i 为第 i 个工况点的功率。

又由于 $Pe = T_{tq} \dfrac{2\pi n}{60} \times 10^{-3}$，所以式（5-11）可改写为

$$BSNO_x = \frac{\sum [NO_{xmass}]_i W_i}{\left(\dfrac{2\pi}{6000}\right) \sum W_i n_i T_{tq}} \tag{5-12}$$

法规规定的车用重型压燃式发动机必须通过的十三工况测试的加权系数见表5-4。

表5-4　十三工况加权系数

工况号	负荷（％）	加权系数
1	0	0.15
2	100	0.08
3	50	0.1
4	75	0.1
5	50	0.05
6	75	0.05
7	25	0.05
8	100	0.09
9	25	0.1
10	100	0.08
11	25	0.05
12	75	0.05
13	50	0.05

5.4.2　优化结果

标定模型的主要控制参数为循环油量、供油提前角、EGR 阀开度，可以在 CAGE 工具箱中对主要的工况点进行优化，然后通过插值来获取发动机的三个主要控制参数的全局 MAP 图。CAGE 工具箱直接给出了喷油提前角的 MAP 图，通过加上各个转速下喷油延迟角可处理成供油提前角的 MAP 图。最终优化获取的循环油量、供油提前角、EGR 阀开度的 MAP 图如图 5-18～图 5-20 所示。

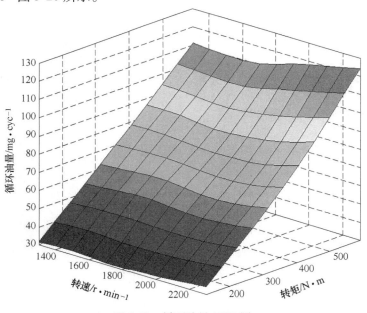

图 5-18　循环油量 MAP 图

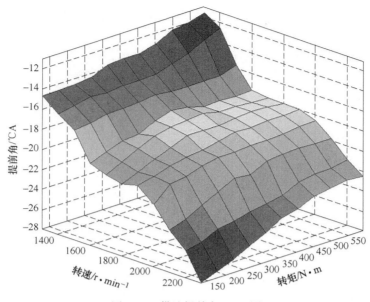

图 5-19　供油提前角 MAP 图

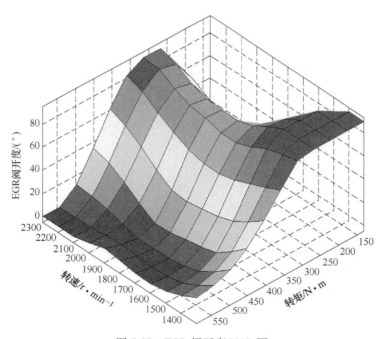

图 5-20　EGR 阀开度 MAP 图

回顾整个过程，首先通过试验设计给出了 V 试验设计空间，并进行仿真获取了发动机的输入输出响应数据库。进而进行数据建模，通过 MATLAB 的 MBC 工具箱建立标定对象的两阶段统计模型，其中局部模型采用多项式样条函数，全局模型采用多项式+RBF 混合模型。两阶段统计建模方法对不同的试验变量区别考虑，并在建模的过程中关注模型的精度，

基于模型标定控制参数的精度取决于两阶段模型的建模精度。建模最后通过台架试验的部分数据对模型进行了校验。最后，进行了优化标定工作，对标定对象进行全局工况优化，通过插值获取了全局工况 MAP 图，之后结合重型发动机十三工况排放测试法规对发动机进行局部优化，最终获取了循环喷油量、供油提前角、EGR 阀开度三个主要控制参数的 MAP 图可为 ECU 预标定 MAP。后续可进行试验验证，如果有效，表明这种标定技术相对于传统的手工扫描标定过程大幅度减少了试验工作量，可提高动力总成的开发效率。

第6章

基于模型标定方法的台架验证

经过上文的基于模型标定方法的推演，得到离线标定优化的发动机供油提前角、EGR开度的 MAP 图，本节将在实际发动机台架上，完成这种方法优化标定的实际效果检验。试验分为两部分开展，首先对全局工况点的优化控制参数进行试验验证，其次结合重型发动机 ESC 测试法规，对排放法规要求的十三工况点的控制参数进行试验验证，检验在排放法规约束下的经济性最优标定方法。

6.1 试验平台组成

试验平台包括发动机试验台架、标定和监控系统以及自行开发的 ECU。

6.1.1 试验台架

试验台架主要包括发动机、测功机、传感器、排放测试系统。试验用发动机为玉柴机器股份有限公司生产的 A 型四缸直列水冷增压中冷柴油机（即前文进行建模及预标定的发动机），其燃油喷射系统采用了电控集成单体泵喷油系统，发动机主要技术参数见表 6-1。试验台架如图 6-1 所示。

表 6-1 发动机主要技术参数

项目	参数
形式	直列水冷四冲程
气缸数	4
缸径×行程/mm×mm	110×112
排量/L	4.257
压缩比	17.5：1
进气形式	增压中冷
标定功率/kW	125

图 6-1 发动机试验台架

在台架试验过程中，实时监测发动机的工作状态，通过测功机来加载，进气流量通过空气流量传感器测得，燃油流量通过油耗仪测得，进排气压力、喷油压力、喷油控制信号和缸压则通过燃烧分析仪测得，EGR 率通过 EGR 分析仪测量，通过 CAN 通信将各传感器采集到的发动机实时参数上传至 PC 上，以监控发动机的运行状态。台架试验只对发动机 NO_x 排放进行测量。根据以上需求，试验所需主要仪器设备见表 6-2。

表 6-2　台架试验仪器

序号	设备名称	设备型号	制造商
1	测功机	CW440	洛阳南峰机电设备有限公司
2	空气流量传感器	ToCeil20N125	上海同圆发动机有限公司
3	油耗仪	FM−2500	日本小野测器
4	EGR 分析仪	ECM5230	美国 ECM 公司
5	NO_x 测量仪	NO_x Sensor	德国 Continental 公司
6	燃烧分析仪	5000-CA	奥地利 DEWETRON 公司
7	缸压传感器	6056A	瑞士 Kistler 公司
8	进排气压力传感器	4005B	瑞士 Kistler 公司
9	喷油压力传感器	4067A	瑞士 Kistler 公司

6.1.2　ECU 标定和监控系统

试验用 ECU 为实验室自行开发的控制器，同时，为了能实时监测发动机的工作状态，需要采用实验室自行开发的标定和监控系统。标定和监控系统总体结构如图 6-2 所示。

标定和监控系统利用 PC 和 ECU 的微处理器构成上下位处理关系，两者通过通信接口连接，并通过通信协议实现数据之间的传

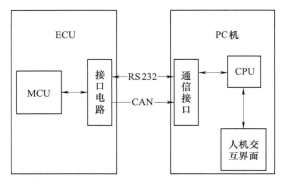

图 6-2　标定和监控系统总体结构

输。考虑到数据传输过程中，传输数据量大小、数据传输速度以及数据传输之间干扰等问题，一方面，ECU 和 PC 之间通过 RS232 串口协议进行数据交换，以实现 ECU 参数的在线标定，另一方面，通过 CAN 总线，ECU 向 PC 发送当前发动机的实时工作状态信息。操作人员则通过 PC 上的监控标定界面实现对发动机的实时监控和参数标定。

PC 中的标定和监控界面采用 LabView 作为平台，系统采用了图形化编程语言开发环境，具有易读的用户界面，一方面可显示发动机运行的关键核心参数，如转速、油门开度、进气压力等信息，另一方可以对喷油量、提前角等控制参数进行在线实时标定调整。标定和监控界面如图 6-3 所示。

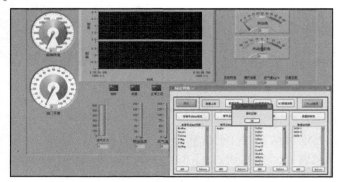

图 6-3　标定和监控界面

6.2 全局工况点验证试验

前面通过基于统计模型的标定方法对发动机进行了全局标定工作，获取了发动机 ECU 的供油提前角和 EGR 阀开度的 MAP，本节通过发动机台架试验来检验标定方法的效果，比较基于模型标定和常规标定的油耗率。

台架试验选取 1600r/min、1700r/min、1800r/min、2000r/min、2100r/min 五个转速，25%、50%、75%、100%四个负荷进行。试验工况点见表 6-3。同时给出了试验时的实际转矩。

表 6-3 试验工况点

工况点	转速/(r/min)	负荷(%)	实际转矩/N·m
1	1600	25	136
2	1600	50	296
3	1600	75	442
4	1600	100	591
5	1700	25	149
6	1700	50	297
7	1700	75	430
8	1700	100	588
9	1800	25	138
10	1800	50	312
11	1800	75	443
12	1800	100	590
13	2000	25	145
14	2000	50	297
15	2000	75	447
16	2000	100	582
17	2100	25	141
18	2100	50	290
19	2100	75	418
20	2100	100	567

依据试验大纲，分别测量初始值和基于模型标定优化的油耗率。以下给出五个不同转速的基于统计模型标定和初始值的试验结果对比，如图 6-4~图 6-8 所示。

从对比结果可以看出，基于统计模型标定的油耗率在大多数工况处均较初始标定结果有所降低，其中，在1600r/min、50%负荷工况点处，油耗率下降最多，达到3.5%，试验结果表明，基于统计模型标定的经济性总体优于初始值。下一步需要验证，这种良好经济性表现与排放间的关系，即经济性的改善是否带来排放的恶化。

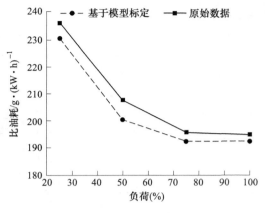

图 6-4　1600r/min 油耗率对比

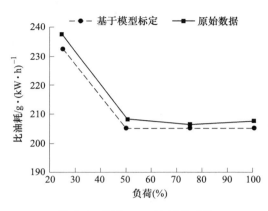

图 6-5　1700r/min 油耗率对比

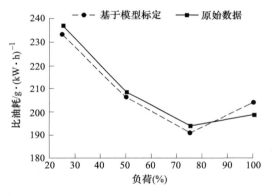

图 6-6　1800r/min 油耗率对比

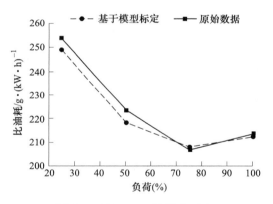

图 6-7　2000r/min 油耗率对比

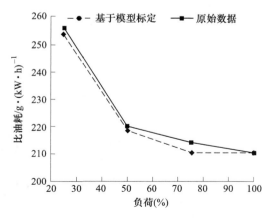

图 6-8　2100r/min 油耗率对比

6.3 十三工况点验证试验

以上对全局工况点的优化结果进行了台架试验，下面进一步以车用重型发动机十三工况试验来测定排放。前部分已对发动机以十三工况点的燃油经济性为目标进行优化，并以 NO_x 排放为优化的约束，给出了考虑十三工况排放的局部优化结果。本节对优化结果进行台架试验，以验证基于十三工况点的局部优化效果。

下面首先确定十三工况点中 A、B、C 三点的转速：

n_{lo} = 50%最大净功率时的转速，n_{hi} = 70%最大净功率时的转速，$A = n_{lo}+0.25$ $(n_{hi}-n_{lo})$，$B = n_{lo}+0.5$ $(n_{hi}-n_{lo})$，$C = n_{lo}+0.75$ $(n_{hi}-n_{lo})$。

最终确定 n_{lo} = 1100r/min，A = 1500r/min，B = 1900r/min，C = 2300r/min，n_{hi} = 2700r/min。

在 A、B、C 转速下，测得最大转矩，每个转速取 25%、50%、75%、100%转矩为测量点。故得出标定发动机的十三工况点见表6-4。

表6-4　发动机十三工况点

工况点	转速/(r/min)	负荷（%）	实际转矩/N·m
1	700	0	0
2	1500	100	590
3	1900	50	295
4	1900	75	443
5	1500	50	295
6	1500	75	443
7	1500	25	148
8	1900	100	590
9	1900	25	148
10	2300	100	524
11	2300	25	131
12	2300	75	393
13	2300	50	262

十三工况点的台架试验结果，如图6-9和图6-10所示，分别为基于模型标定和初始值定的比油耗、NO_x 排放对比结果。

试验的优化控制参数为供油提前角、EGR阀开度，在优化过程中以 NO_x 排放为约束，即 NO_x 的十三工况加权比排放量小于5g/kW·h。

由试验结果可知，相比常规标定而言，基于模型标定的比油耗在各个工况点均有所降低，其中在第七个工况点处，比油耗降低最多，达到2.72%，燃油经济性明显。从 NO_x 排放的结果来看，除9、11、13工况点外，其余工况点的 NO_x 排放均呈现下降的趋势，这三个工况点 NO_x 排放恶化的原因是其油耗的进一步优化降低。同时，结合十三工况排放法规的加权系数，可计算出初始值的 NO_x 综合排放量为4.99g/kW·h，而采用基于模型标定的 NO_x 综合排放量为4.86g/kW·h，NO_x 总体排放有所降低。

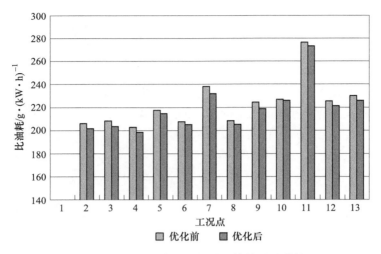

图 6-9　十三工况点比油耗对比结果（见彩插）

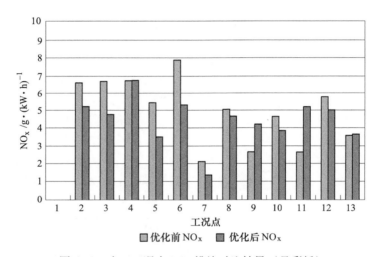

图 6-10　十三工况点 NO_x 排放对比结果（见彩插）

　　综上，表明基于模型的标定方法是一种快捷高效的开发方法，可用于动力总成电控系统参数的初步标定及优化，从而实现动力总成的基本功能，保障系统达到各项性能指标。进一步，对于这种方法，其"模型"准确性和有效性的作用不言而喻，先要有"逼真"的对象模型，后要有先进的优化标定模型，两者配合才能实现这种技术方法。

　　相对于传统的标定方法，这种方法一方面可以节约人力、物力成本，更重要的是，针对各类基于循环的法规，有明显的适应性优势，因为采用这种方法实际上完成了"循环法规"边界约束下的离线寻优。当然，实际应用中针对个别的工况点，如果这种方法难以达到满意的效果，仍然可以局部采用人工的方法，工作量很少，可起到查缺补漏的作用。车辆动力总成技术日新月异，应用这种方法可满足各类动力总成及各类法规的约束，换言之，这种方法具有广谱性。

第7章

基于硬件在环的虚拟标定技术

基于模型标定的技术手段可以大幅缩减实际标定工作量，是一种有效的离线（预）标定方法。然而，这种方法通常只用于稳态过程 MAP 的优化，面向动力总成的瞬态工况以及相应的真实控制器标定，还需要采用新的技术手段。硬件在环开发技术近年来被广泛应用于汽车、航空及船舶领域的实时仿真分析中。这种技术采用真实的控制系统与运行被控对象的实时仿真机进行交互，可以对被控对象的各项动态性能进行分析调整。虚拟标定是在这种平台上的一项新的衍生技术，即通过利用实时仿真的研发手段，对真实 ECU 或 PCM 的控制参数，特别是过程控制参数进行标定，更加面向实际应用，也可以减少实际台架的标定工作量，提升开发效率。

7.1　虚拟标定平台

硬件在环仿真也被称为半实物仿真，通常由实时主机硬件、I/O 接口、故障注入口及电源等部分组成，其核心部件为主机，要求其具有很强的计算速度以及与外界高速的信号交互能力，从而在装载对象模型运行后，可以模拟真实动力总成运行状态与 PCM 进行交互。这类系统也可以带一些真实的传感器及执行部件，从而使得控制器的运行负载状态更加贴近实际，以完成各类性能及标定工作。虚拟标定利用这种硬件技术平台，依赖高可信的对象模型，可以完成近似真实台架及道路试验的标定效果，近年来受到广泛的关注。可以支持虚拟标定的硬件很多，这里采用了 Autobox 硬件来进行虚拟标定平台的搭建。

平台建立的基本步骤为：首先建立动力总成的动态模型，在此基础上对被控对象模型进行简化以使其达到实时性的要求。再将原来模型中的逻辑连接关系改造为硬件接口关系并配置用于实时主机与电控系统信息交互的 I/O 接口的定义，使得真实的动力总成控制单元可以与实时运行的控制对象模型交互，最终构建完成动力总成的虚拟标定平台。

建立的动力总成虚拟标定平台如图 7-1 所示。平台包含实时仿真机硬件，其内部装载了需要标定的动力总成的实时模型，以及与实时主机进行交互的标定试验软件，其作用宛如实际台架的控制柜；还包含控制真实动力总成的控制器，用于"控制"实时标定对象，以及与控制器交互的标定软件和用于虚拟试验数据记录的采集系统。不难发现，除了标定对象是虚拟的，其他工装与实际试验完全相同。换言之，在标定对象模型足够准确、实时性足够真实的情况下，这种标定方法获得的参数与实际试验几乎没有差异，而实际应用效果也印证了这一点。

标定工具软件采用了 RS232/CAN 接口，可以与各类不同的控制器进行交互，在标定数据结构方面，采用了常见的数据三维图、曲线、阈值等结构，从而可以完成各类功能和性能的标定。动力总成的实时数据采集软件采用了 J1939 通信协议并且留有各类自定义协议接

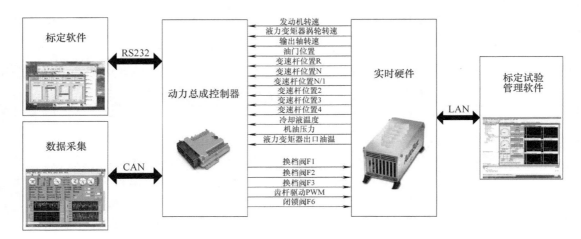

图 7-1　动力总成虚拟标定平台

口，可以实现动力总成控制器"虚拟标定试验"的数据记录等功能。

　　虚拟标定平台的核心是实时仿真机，所采用的平台与 Simulink 等图形建模软件工具可以直接装载，实现标定对象从离线仿真到实时仿真间的便宜转换。可将已经在上位机中搭建好的被控对象模型编译完成，然后下载到实时仿真机的核心处理器内进行动力总成的"运转"。通过搭载的 I/O 信号板卡完成"模拟"动力总成运行时各类信号输出给真实的电控单元，并可读入控制单元的输出控制信号，如喷油、点火及换档信号等，从而使得这些信号干预已经下载对象模型的运行，形成了完整的闭环试验系统。此外，系统配备的试验管理软件，可以实现对实时硬件进行可视化管理、虚拟仪表监控试验运行情况、各类运行参变量的采集等功能，以控制虚拟标定试验的完成。

　　动力总成虚拟标定平台的控制器是具有综合控制功能的 PCM，它在一个单元上集成了对发动机和变速器的一体控制，具有系统层面的协调控制能力，以及各独立控制单元的各项控制功能，提高了系统的集成化水平。其主要特性有：①高速高精度地监测和采集多路动力总成的状态参数；②根据所设计的动力总成集成控制策略，准确地对发动机供油量、变速器档位切换、液力变矩器闭锁等参数进行控制；③基于 CAN 总线协议与整车实现综合电子信息的交互，保障驾驶员的需求得到响应；④具有数据采集以及在线标定接口，能实时传输并分析试验数据。

7.2　标 定 对 象

　　虚拟标定的动力总成对象由一款重型涡轮增压柴油机和电液式自动变速器组成，其基本性能如下所述。

　　1. 涡轮增压柴油发动机

　　这款发动机的排量为 11.9L，其供油系统为电子调速型的直列泵，喷油泵的齿杆位置被转换成电压信号作为输出，控制信号通过驱动比例电磁铁来控制供油齿杆的位移。发动机外特性曲线如图 7-2 所示。发动机的最大转矩为 1830N · m，额定功率为 330kW，标定点的燃油消耗率为 246g/kW · h，最高空转转速为 2300r/min。

2. 液力变矩器

液力变矩器是电液式自动变速器的一部分，可以实现动力与传动的柔性连接，为常规动力总成的标准配置，通常由泵轮、涡轮和导轮组成。液力变矩器以液压油为工作介质，其工作性质属于柔性传动，可以减少转矩传递过程的振动、降低传动系统的动载荷，还具有减速增矩的功能，能够提高车辆的通过性和低速时的稳定性。通常配备闭锁控制机

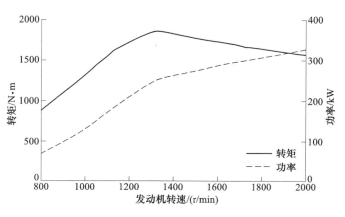

图 7-2　发动机外特性曲线

构，可以在高速工况下对变矩器采取闭锁操作来提高传动效率，降低能量损失，从而兼顾车辆的动力性和经济性。

3. 自动变速机构

电液控制的自动变速机构通过换档离合器的不同组合状态可以实现不同档位的控制。换档离合器的控制由动力总成的电控单元控制电磁阀实现。通过预先设定的动力性或者经济性换档规律，依据当前的车速、负荷等信息，进行换档电磁阀的控制，从而实现不同运行工况的动力传递及变速控制。

7.3　标定对象建模

通过前文介绍的虚拟标定平台的组成，不难发现，虚拟标定是建立在动力总成仿真分析工具链上的标定应用，而虚拟标定的真实性极大地依赖于标定对象模型的准确性，因而需要开展标定对象实时模型建模工作。

前文在基于模型的标定中，曾经建立过用于离线标定数据优化的发动机详细物理模型，在模型中尽量使建模内容与实际物理对象的稳、动态特性贴合。在本节虚拟标定的建模中，需要建立可以在实时硬件中运行的模型，可以看作是复杂物理对象模型的简化模型，这类模型中，最为常用的是平均值模型。所谓平均值指的是模型中的参数只反映状态的平均，不能反映状态的瞬变，比如一个循环中，发动机的转速实际是不均匀的，然而对于宏观的加速、换档等控制过程，采用平均值参数或者控制量就可以表征这类动态过程。无法采用完全意义的物理模型是因为嵌入式的实时硬件计算能力及内部数据总线的传输能力有限。随着计算机技术的发展，更加复杂的"类似物理模型"标定对象模型将会被采用。

7.3.1　发动机平均值模型

发动机平均值模型根据若干个工作循环内的参数变化情况去表征发动机运行过程的参变量，如转速、进气压力、比油耗等。通常，将整个发动机分成了几个部分进行建模：压气机模型、中冷器模型、进气管模型、排气管模型、涡轮模型、增压器转子动力学模型、供油系统模型、燃烧模型和曲轴动力学模型。增压发动机平均值模型的结构如图 7-3 所示。

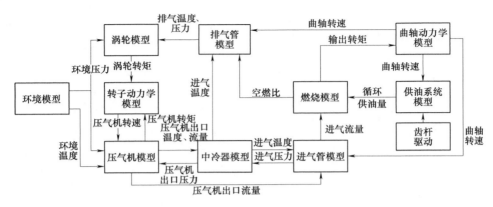

图 7-3 增压发动机平均值模型

1. 供油系统模型

供油系统为直列泵燃油喷射系统，这种系统采用齿条调节发动机的供油量，采用比例电磁铁控制供油齿条，依据不同的调速特性控制循环供油量，实现电子调速控制。它包含两个子模型：齿杆动力学子模型和油泵子模型。

（1）齿杆动力学子模型

为了对齿杆动力学子模型进行简化，将供油齿杆等同一个质量块，它受到三个力的作用：由比例电磁铁作用下产生的推动齿杆运动的动力、直列泵内回位弹簧产生的弹簧阻力和由机油黏滞作用产生的黏滞阻力，可将原系统视为弹簧-阻尼系统。

齿杆动力学子模型的运动方程为

$$m_r \ddot{x}_r + \eta \dot{x}_r + k x_r = p u(t - \tau') \tag{7-1}$$

式中，m_r 为供油齿杆的质量；x_r 为供油齿杆的位移；η 为机油的黏滞阻力系数（可看作系统的阻尼）；k 为回位弹簧的刚度系数；p 为电磁铁的结构系数，将 PWM 占空比等同于作用在供油齿杆的驱动力；$u(t - \tau')$ 为 PWM 的占空比函数。

将上式进行拉氏变换得到系统的传递函数为

$$H(s) = \frac{Y(s)}{X(s)} = \frac{p}{m_r s^2 + \eta s + k} \tag{7-2}$$

通过发动机台架试验中采集的齿杆驱动占空比信号——齿杆位置所对应的数据，可以辨识出上述公式中的参数，即可得到系统的传递函数模型。

（2）油泵子模型

油泵子模型的构建是为了根据发动机转速 n_e 和齿杆位置 x_r 来计算当前工况下的发动机循环供油量 $\dot{m}_f$。已在台架试验中测量了发动机运行于各个稳态时的油耗数据，并以此拟合出喷油泵的特性曲线，将此 MAP 应用于油泵子模型。

$$\dot{m}_f = f(x_r, n_e) \tag{7-3}$$

2. 缸内燃烧模型

缸内燃烧模型可以根据进气质量流量（由进气管模型计算得出）和燃油质量流量（由供油系统模型提供）计算当前时刻发动机的输出转矩和空燃比。

空燃比的计算公式如下：

$$\alpha = \frac{\dot{m}_a}{\dot{m}_f} \tag{7-4}$$

指示效率 η_{it} 是一个与空燃比和发动机转速有关的量，其中空燃比的影响可以表示为一个基于稳态数据的经验模型，而转速的影响可以表示为一个多项式：

$$\eta_{it} = (a_0 + a_1 n_e + a_2 n_e^2)f(\alpha) \tag{7-5}$$

式中，a_0、a_1、a_2 为待定系数。

发动机的指示转矩可以由下式计算：

$$M_{it} = \dot{m}_f H_u \eta_{it} \tag{7-6}$$

式中，H_u 为燃料的低热值。

3. 曲轴动力学模型

曲轴动力学模型用来描述发动机的输出转矩，可由指示转矩和摩擦转矩之差算得：

$$M_e(t) = M_i(t - \tau'') - M_f(t) \tag{7-7}$$

式中，M_i 为发动机的指示转矩；M_f 为发动机摩擦转矩；τ'' 为反映发动机输出转矩具有延迟现象的常数，与发动机转速有关。

发动机摩擦力的大小由活塞的平均速度所决定，活塞的平均速度与发动机转速具有对应的关系，所以发动机的摩擦力可以由以下的公式计算得到：

$$F_f = a_3 + a_4 n_e + a_5 n_e^2 \tag{7-8}$$

式中，F_f 为发动机的摩擦力，单位为 N；a_3、a_4、a_5 为待定系数。

摩擦转矩的计算公式如下：

$$M_f = \frac{1000 F_f V_d}{2\pi \tau} \tag{7-9}$$

式中，τ 为发动机冲程数；V_d 为气缸的工作容积。

发动机的曲轴转速可以由净输出转矩、负载转矩以及曲轴的转动惯量根据下式计算得到：

$$n_e = \frac{60}{2\pi} \int \frac{M_e - M_l}{J_c} dt \tag{7-10}$$

式中，M_l 为折算到发动机端的负载转矩；J_c 为曲轴的转动惯量。

这里需要指出的是，针对不同类型的发动机，由于其构造及组成存在着差异，因此上述建模理论无法涵盖所有情况，而是应该对特定的发动机进行具体分析，并形成一套与之相适应的发动机建模流程。针对不同类型的发动机，在建立平均值模型时，对于不同的子系统，可以有如下的考虑。

1）供油系统模型。不同型号的发动机，其供油系统可能存在差异，比如汽油机的进气道多点喷射、进气总管单点喷射、缸内直喷以及柴油机的分配泵系统、单体泵系统、高压共轨系统等。可见上述的直列泵供油系统建模方法无法做到兼容并蓄。具体分析如下：

① 汽油喷射系统。总体来说，汽油喷射系统的特性相对简单，因为汽油机的供油系统相对发动机独立，通常采用电动燃油泵进行供油，供油压力较为恒定，因而喷油量通常为喷油控制脉宽的线性函数。对于这类系统的建模，可以将其特性简化为燃油喷射 MAP，即通过查询喷油脉宽-循环喷油量表，就可以直观地得到循环供油量。在响应上，由于采用电磁阀控制喷油，因而响应延迟也可以忽略。

② 分配泵系统。早期的电控分配泵系统采用的是位置控制方式，与电控直列泵系统有相似之处，因此可以参照直列泵的建模方法，不过需要对分配泵的喷油 MAP 图进行相应的

修改。近年来，电控分配泵系统多采用时间式控制方式，电控单元通过控制一个与喷油量有关的高压电磁阀和一个与喷油正时有关的电磁阀来对喷油过程进行精确的操控。因此需要在供油系统模型中建立准确的 MAP 图模型来反映这两个控制参数对发动机性能的影响，并留出相应接口与电控单元进行连接，以期实现虚拟标定功能。

③ 单体泵系统。电控单体泵系统多采用时间式电控方式，其工作原理与上述的电控分配泵相似，可以参考其方法进行建模。单体泵系统的喷油量和喷油正时都与当前转速有关，称为单体泵的泵特性。这些特性会被制成相应的 MAP 图存储在电控单元中，以实现对不同工况条件下喷油量的精确控制。

④ 高压共轨系统。电控高压共轨系统与前述系统最大的不同在于燃油高压的生成与发动机转速的近似解耦，即轨压可由电控单元操作压力调节阀来实现。这种系统的建模，通常为轨压-喷射脉宽-转速的多维特性 MAP，电控单元首先需要完成轨压控制，进而通过操作喷油器上的高速电磁阀来实现精确的喷油控制。此外，这种系统具有多次喷射的能力，细致的模型还需要对多次喷射特性予以描述。

2）涡轮、压气机、转子动力学和中冷模型。这四部分模型是针对具有中冷系统的涡轮增压发动机具体设计的，可以根据实际情况酌情进行删减。而对于涡轮增压发动机，由于不同型号的涡轮增压器其特性参数（如涡轮效率、涡轮质量流量、压气机效率、压气机质量流量、中冷器效率等）会有差异，因此需要针对实际采用的型号进行相应修改，甚至增压的方式即控制模式不同，也需要在模型中体现。

3）进、排气管模型。对于具体的发动机，这两部分模型在建模时也会存在差异，如进气管模型的充气效率在是否采用增压时就会不同；排气管模型的温升 MAP 图与空燃比和发动机转速有关，不同机型也会有差别；排气压力也会存在这种差异性。

4）燃烧模型。该模型根据发动机的不同工作方式，产生根本差异。这部分的模型特性参数对于发动机的各项性能影响最为明显，因而需要依据具体的发动机燃烧系统的情况进行建模，还要依据燃烧弹或者发动机的缸内工作过程对模型进行校核、调整，从而使得燃烧模型能够反映发动机的工作本质。但是对于平均值模型，往往将这部分变成宏观转矩、油耗、排放特性数据的校核，从而保证模型的实时性。

7.3.2 动力总成及车辆动力学模型

根据动力总成的物理结构组成，在发动机平均值的基础上，建立了包含传动系统的动力总成模型，以及外扩的车辆动力学模型。模型主要包括（前文所述的）发动机模型、液力变矩机构模型、变速机构模型、控制器（综合控制单元）模型和车辆运动学模型，由驾驶员模型输入的外界参数有加速踏板、制动踏板和车辆行驶路况信息。用于虚拟标定的整车实时模型结构如图 7-4 所示。

1. 液力变矩器模型

采用的液力变矩器原始特性如图 7-5 所示。图中各变量的物理意义如下：

1）K 表示液力变矩器的变矩比，它等于涡轮输出的转矩 M_t 与泵轮输入的转矩 M_p 之比，即

$$K = M_t/M_p \tag{7-11}$$

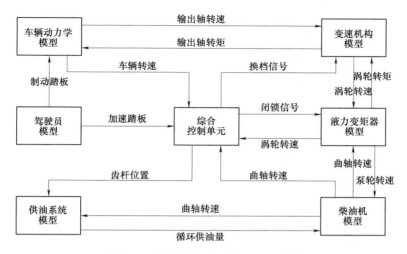

图 7-4 用于虚拟标定的整车实时模型

2）i 表示液力变矩器的传动比，图中 i^* 为液力变矩器的效率点，i_M 为液力变矩器的耦合器工况点（此时 $K=1$）。

3）λ_p 表示液力变矩器的泵轮转矩系数，该系数与泵轮转矩、转速，机油密度以及几何尺寸有关，可表达为

$$\lambda_p = \frac{M_p}{\rho g n_p^2 D^5} \tag{7-12}$$

式中，ρ 为工作油液密度；g 为重力加速度；n_p 为泵轮转速；D 为液力变矩器的有效直径。

4）η 表示液力变矩器的效率，等于输出功率与输入功率的比值，即

$$\eta = \frac{M_t n_t}{M_p n_p} \tag{7-13}$$

在构建液力变矩器模型时，需针对解锁与闭锁的情况分别进行讨论。

（1）液力变矩器解锁工况

此时液力变矩器将自动调节由发动机输出给变速器的转矩和转速，转矩流可以分成两个部分：一部分由发动机和液力变矩器的泵轮传递，另一部分为液力变矩器的涡轮及变速器本体齿轮或离合器机构等传递的转矩。发动机的输出转矩和变速器的输入转矩可以通过液力变矩器泵轮和涡轮的转速求得。

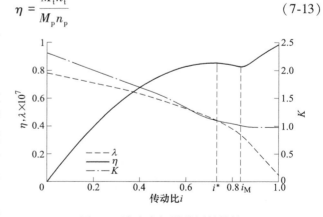

图 7-5 液力变矩器的原始特性

首先，求出液力变矩器的传动比，它等于涡轮与泵轮转速的比值，即

$$i = \frac{n_t}{n_p} \tag{7-14}$$

然后，根据计算出的传动比查取液力变矩器原始特性曲线，得到液力变矩器的变矩比 K

和泵轮转矩系数 λ_p。

由泵轮转矩系数 λ_p 计算泵轮转矩，由式（7-12）可得

$$M_p = \lambda_p \rho g n_p^2 D^5 \tag{7-15}$$

最后，由液力变矩器的变矩比 K 和泵轮转矩 M_p，可求出液力变矩器输出转矩，即涡轮转矩值为

$$M_t = KM_p \tag{7-16}$$

（2）液力变矩器闭锁时

此时发动机本体和变速器本体相当于机械连接，发动机的输出转矩直接传递给变速器，泵轮转速与涡轮转速相等，即

$$M_t = M_p \tag{7-17}$$

$$n_t = n_p \tag{7-18}$$

根据上述原理建立的液力变矩器模型如图 7-6 所示。液力变矩器是否进行解闭锁操作则由另一模型输入的信号触发。

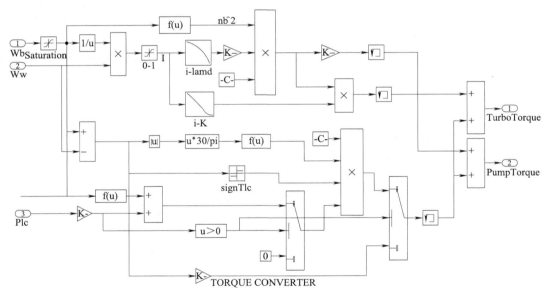

图 7-6　液力变矩器模型

这里建立的液力变矩器模型对于不同的动力传动装置具有良好的兼容性，当采用另一型号的液力变矩器时，只需修改原始特性图中所涉及的相应系统参数（即泵轮转矩系数、变矩比和效率值）即可进行移植。

2. 变速器换档离合器模型

以研究的某重型车辆液力机械式变速器为例，其内部共有输入、中间、输出三根轴以及 CH、CL、C1、C2 四个换档离合器。变速器的传动简图如图 7-7 所示，各档位与离合器的对应逻辑关系见表 7-1。

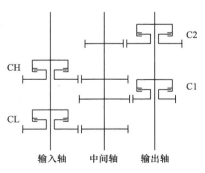

图 7-7　液力机械式自动变速器传动简图

表 7-1　变速器档位与离合器的对应逻辑关系

离合器	档位			
	1	2	3	4
CL	√		√	
CH		√		√
C1	√	√		
C2			√	√

变速器湿式离合器为换档操纵机构，这种离合器操纵压力均匀分布，传递转矩容量大，并采用稀油润滑和冷却，磨损小、寿命长，其离合器结构如图 7-8 所示。由于换档离合器的存在，变速器各轴之间并不是单纯的刚性连接，而是随着控制油压的改变，离合器的接合过程也会相应不同，从而影响车辆换档的基本特性，并影响车辆的动力性和经济性，还会影响换档的品质，进而影响车辆的行驶平顺性，因而需要进行换档特性及过程的标定。

基于上述分析，为进行虚拟标定，需要建立一个无论在稳定精度还是动态响应方面都表现良好的离合器对象模型，方可支撑这项技术。离合器的建模基于油缸内活塞位置的动力学分析，通过计算换档离合器上的摩擦力来得到传递的转矩，进一步由转矩和传动轴的转动惯量来计算从动端的转速。具体原理如下所述。

换档离合器活塞的运动方程为

$$P_c A_c = m_c \ddot{x}_c + B_c \dot{x}_c + k_c(x_o + x_c)$$

（7-19）

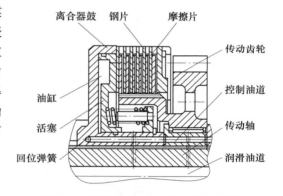

图 7-8　变速器换档离合器的结构简图

式中，P_c 为活塞背面油缸承受的压力；A_c 为油缸的受力面积；m_c 为活塞的质量；$\ddot{x}_c$ 为活塞加速度；B_c 为活塞阻尼系数；$\dot{x}_c$ 为活塞速度；k_c 为回位弹簧的刚度；x_o 为回位弹簧的初始位置；x_c 为活塞的运动位移。

换档过程中充入油缸的控制油量可由下式计算：

$$Q_c = \frac{\pi d_1^4}{128\eta L_1}(P_{con} - P_c)$$

（7-20）

式中，P_{con} 为离合器的控制油压；d_1 为油道直径；L_1 为油道长度。

这里，变速器的控制油压是一个只与时间有关的函数，仅取决于变速器的结构参数，控制器无法对油压的变化进行干预，换言之，换档过程的控制是间接的。

换档过程中流出油缸的泄油量为

$$Q_l = \frac{\pi d_2^4}{128\eta L_2}(P_c + P_1')$$

（7-21）

式中，d_2 为卸油孔直径；L_2 为其长度；P_1' 为卸油孔处的离心油压（为简化标定模型，这里忽略不计）。

因此，根据充油量和泄油量，可以计算出离合器内活塞的位移：

$$Q_c - Q_l = Q_p + A_c x_c \tag{7-22}$$

式中，Q_p 为油缸内油量的压缩量，可以忽略不计。

联立式（7-20）~式（7-22），可得

$$P_c \left(\frac{d_1^4}{L_1} + \frac{d_2^4}{L_2} \right) \frac{\pi}{128\eta} = -A_c x_c + \frac{\pi d_1^4}{128\eta L_1} P_{con} \tag{7-23}$$

由离合器活塞的运动方程式（7-19）和式（7-23），可解得活塞的位移 x_c 以及活塞受到的压力 P_c，代入式（7-19）可求得离合器摩擦片的受力：

$$P_c A_c = (P_{cl} - P_{spr}) A_{cl} + k_c (x_o + x_c) \tag{7-24}$$

式中，P_{cl} 为离合器摩擦片受到的压强；P_{spr} 为回位弹簧作用到摩擦片上的压强；A_{cl} 为离合器摩擦片的面积。

变速器换档离合器所传递的摩擦转矩为

$$M_{cl} = \mu_d (P_c A_c) n_{cl} R_{clm} \tag{7-25}$$

式中，n_{cl} 为离合器摩擦副数量；R_{clm} 为离合器摩擦面平均直径；μ_d 为摩擦片的摩擦系数，可通过下式计算：

$$\mu_d = c_1 e^{(c_2 | \omega_1 - \omega_2 |)} \tag{7-26}$$

式中，ω_1 为离合器输入端的角速度，ω_2 为离合器输出端的角速度，计算公式如下：

$$\omega_1 = \int \frac{M_1 - M_{cl}}{J_1} dt \tag{7-27}$$

$$\omega_2 = \int \frac{M_{cl} - M_2}{J_2} dt \tag{7-28}$$

式中，M_1 为主动系统加载在离合器主动端的转矩；J_1 为将主动系统的转动惯量换算到离合器主动端的数值；M_2 为将被动系统的运动阻力矩换算到离合器被动端的数值；J_2 为被动系统的转动惯量换算到离合器被动端的数值。

根据上述原理建立的变速器换档离合器模型如图 7-9 所示。

建立的变速器模型主要针对其执行机构为换档离合器的变速系统，可通过调整液压油的充放油曲线来控制离合器的接合和分离过程，从而控制换档的动态过程与特性。对于直接油压控制类（clutch-to-clutch）的变速器，需要对油压变化历程进行控制，从而控制变速器的换档过程，建模方法与此类似。

3. 驾驶及道路循环模型

驾驶模型是为了实现虚拟标定平台能够控制车辆运行于特定循环工况。该模型以当前步长下的实际车速作为输入，对比特定循环工况所规定的目标车速，通过 PID 闭环控制实时计算出下一步长的加速踏板和制动踏板信号，并将此信号经由 D/A 转换通道转换成电压信号，最终输出给综合控制单元，以实现对目标车速的跟随。

循环模型是基于车辆实际运行环境，通过对典型工况参数进行采集和分析，采用一定的数学方法建立起来的模型，是对整车运行工况的控制边界。针对本标定对象为重载车辆的实际情况，结合行业的现状，形成本标定研究所采用的道路循环模型。所构建驾驶模型中的两个典型循环工况是基于对实际路谱的路试试验数据进行大量采集整理、数据筛选和具体分析，并基于一定的数学理论模型而建立起来的，其形式为速度-时间曲线，针对路面起伏变

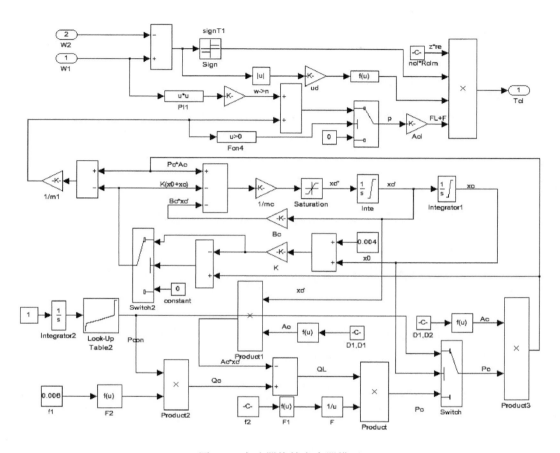

图 7-9　变速器换档离合器模型

化这一特殊情况，增加了坡度-路程曲线作为路况特征的补充，并通过车辆运动学模型里的坡度阻力来反映这一改变对整车运行情况的影响。图 7-10 和图 7-11 所示为平整路面的典型循环工况，图 7-12 和图 7-13 所示为复杂路面的典型循环工况。

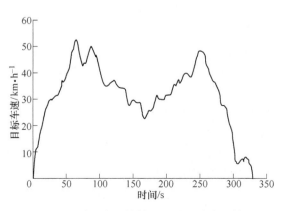

图 7-10　平整路面的循环工况（速度-时间）

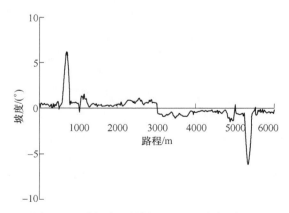

图 7-11　平整路面的循环工况（坡度-路程）

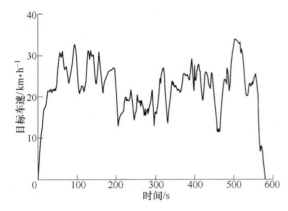

图 7-12　复杂路面的循环工况（速度-时间）　　　图 7-13　复杂路面的循环工况（坡度-路程）

4. 车辆动力学模型

车辆动力学模型用于将车辆运动状态、重力、路面坡度、路面性质等对当前运行工况有影响的因素折合成车辆所受到的外部阻力，并结合变速器端传递的净驱动力来计算车辆速度。

重型车辆行驶过程中受到外界的阻力包括滚动阻力 F_g、摩擦阻力 F_f、空气阻力 F_k，计算公式分别如下：

$$F_g = mg\sin\alpha \tag{7-29}$$

$$F_f = mg\mu_1 \tag{7-30}$$

$$F_k = \frac{1}{2}CA\rho v^2 \tag{7-31}$$

式中，m 为车辆总质量；μ_1 为与路面材质有关的摩擦系数；α 为路面的坡度角；C 为空气阻力系数；A 为车辆的正面投影面积；ρ 为空气密度；v 为车辆的行驶速度。

7.4　综合控制单元 PCM 功能概述

以一款真实的动力总成控制综合单元为例，来进行虚拟标定平台的构建。所采用的动力总成综合控制系统使用单一微处理器来进行发动机和变速器的共同控制，主要优点是具有较高的集成度、良好的可靠性，发动机和变速器之间的信息资源共享简单。对于采用总线（如 CAN、FLEXRAY 总线等）通信的发动机电控单元和变速器电控单元组成的动力总成控制系统，虚拟标定技术仍然适用。

对于所研究的综合控制单元，由于发动机和变速器具有大量的传感器信号和执行器驱动信号，而且在控制面板上还有表征驾驶员操作信息的控制信号，同时控制单元还要把车辆的状态信息实时上传给车际网络，这些任务需要控制器有丰富的硬件资源，以至于单一处理器已经无法满足资源要求，所以对控制单元选择了协处理模块进行外围资源扩展。

动力总成控制系统的主要任务包括三大部分：发动机控制和变速器控制以及与信息交互相关的网络通信控制，其中与发动机相关的控制任务有：

1）发动机的起动、怠速转速控制。

2）发动机各缸之间的喷油时序控制。

3）发动机的喷油控制。

4）发动机空气管理控制。

5）附件控制。

6）系统保护任务。

变速器的控制任务则包括：

1）换档规律控制。在车辆行驶过程中通过设计好的换档规律，如动力性换档规律、经济性换档规律或组合型换档规律进行换档与否的判断。

2）换档执行控制。换档过程中电控单元将对电磁阀进行控制，电磁阀作为先导阀控制着换档阀的状态，而换档阀则决定了换档离合器的接合与分离，从而使车辆在不同档位间切换。

3）换档过程控制。换档过程指的是从换档信号触发到换档结束的整个时间段。此过程中所控制的对象包括发动机、液力变矩器和变速器换档执行器。所以此过程中的控制包括这些控制量之间的定时控制，以及对发动机主动控制的供油量调整。

4）液力变矩器的解闭锁控制。在车辆行驶过程中通过设计好的解闭锁规律进行自动解闭锁控制。

发展来看，随着车辆智能化、无人化技术的迅猛发展，以基本总线通信为雏形的车联网络交互需求日益增加，因此需要对不同单元间的数据进行及时交互，特别是涉及车辆安全性的相关信息，交互的实时性要求非常突出。动力总成的标定是这类上层应用的基础，换言之，没有性能出众的各类动力总成，车辆的智能化、无人化等都无从谈起。

7.5 虚拟标定平台的校核

在完成了动力总成虚拟标定平台的搭建工作之后，需要验证其对实际试验环境及过程的还原程度（即实时性）、仿真动态过程是否与真实数据相符（即精确性）、是否能够满足虚拟标定平台所提出的在线标定可操作性（即可行性）。只有满足这些特性，才能说虚拟标定平台具备一定程度上替代真实台架及道路标定试验的能力，才能进一步在平台上开展虚拟标定工作。

为此，本书选取了某型重载车在图7-10和图7-11所示平整路面进行试验时所采集的数据作为对照组，通过分析整个过程中驾驶员对车辆的实际操纵方式，并将此输入到动力总成虚拟标定平台中的驾驶员模型中，以期验证平台是否能够真实地反映实际的试验工况，满足设计的要求。

图7-14所示为平整路面工况下的虚拟标定平台的仿真试验数据，图7-15所示为相应循环工况的实车试验数据。

对比发现：

1）虚拟仿真平台与实车试验各对应的曲线在响应及波动趋势上具有一致性，时刻的吻合程度也比较理想（换档时刻、解闭锁时刻、加速时间等），误差控制在10%以内，因此可以认为仿真满足了虚拟标定所要求的实时性。

2）仔细观察对应曲线的变动，可以看出，车速和发动机转速的变化趋势尤其幅度都相

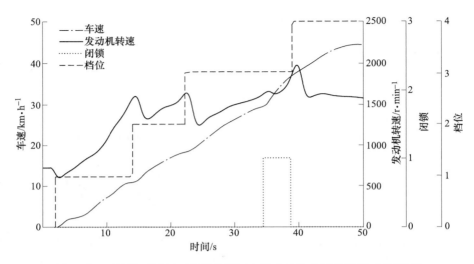

图 7-14　平整路面循环工况下虚拟标定平台的仿真试验数据（见彩插）

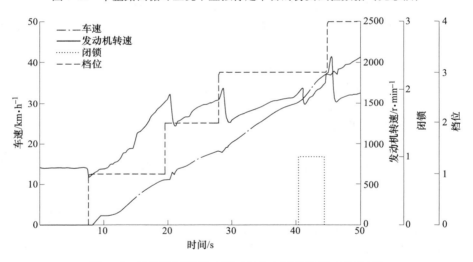

图 7-15　平整路面循环工况下的实车试验数据（见彩插）

差不大（两幅图中发动机转速的波动差异约在 5% 以内），而其他转速（如涡轮、泵轮转速等）的变化值也在上述范围内，仿真模型的精确性达到了虚拟标定提出的要求。

3）对比实际数据与仿真数据的换档过程时发动机转速延迟响应时间，可以看出动力总成模型具有良好的动态响应特性，基本上反映了真实的发动机运行过程中的动态特征，这点对于后续的虚拟标定工作也至关重要。

图 7-16 所示为虚拟标定平台的上位标定工具，平台基于串口通信协议，可以将控制策略中所涉及的标定参数上传，并能够将更改之后的参数值快速写入控制单元中，并对标定数据有校验功能，可对动力总成的整体性能进行实时的标定，并且标定之后的响应性非常好，不存在延迟滞后的情况。因此所设计的虚拟标定内核及上位机具有现实的可操作性，能够满足虚拟标定平台的要求。

通过上述虚拟标定平台设计的路演，表明所建立的动力总成虚拟标定平台满足了虚拟标

图 7-16　动力总成虚拟标定平台界面

定工作所提出的实时性、精确性、动态响应性以及可操作性的要求，为以后进行虚拟标定的实际应用打下基础。

通过上述工作，对于动力总成虚拟标定平台的建立可以归结为，首先要有实时计算的硬件平台，进而需要针对所标定的动力总成对象，开发具有良好实时性的对象模型，这种对象模型不同于前面介绍的详细物理模型，需要对很多环节进行简化，从而保证其运行的实时性。换言之，将对象下载到实时硬件环境中后，就像是"真的动力总成"在运转，可以在时域里输出各类与真实对象运转完全一样的信号，因而这里的矛盾是信号"真"与"实时"（或者可简单认为"快"）的对立，过分简化，信号就失真了，但模型运行却快了，反之同理。因而对于模型的简化有一个适度的考量，需要模型在实时硬件环境中进行"试下载"的调试，从动力总成稳态和瞬态运行两个维度，来校核模型的性能，这部分的工作需要专业人士完成。另外，动力总成虚拟标定还涉及道路谱的问题，对于不同类型的车辆这种谱也有差别，有的车型甚至没有一致公认的道路加载模式，因而这里结合对象的实际，设计了约束的道路谱。综上，虚拟标定平台是以动力总成对象模型为核心，依赖实时硬件为手段的技术平台，其标定的对象为真实的控制器，在平台性能校调完成后，这种虚拟标定对控制参数的校调，理论上与实际试验应该是基本等效的，其实际应用效果在下一章介绍。

第8章

动力总成动力性虚拟标定

8.1 动力总成动力性的评价指标

车辆作为交通载运工具的一种，动力性指标是最主要的性能指标，直接影响着车辆的使用。在车辆主要结构如车身、悬架、行驶系总成确定的前提下，该指标主要取决于动力总成的设计、匹配及性能标定，这也诠释了动力总成在车辆中的核心地位，其形式和技术将不断向前发展，而其作用无可替代。这里以重型车辆的动力总成为标定对象，介绍其动力性的虚拟标定方法，以此为例，促进这项技术的推广应用，提高动力总成的开发效率。

通常，可以采用以下三个指标来评价车辆的动力性：

1）车辆正常行驶的最高车速 v_{max}。

2）"0—Xkm/h" 速度区间内的车辆加速时间 t。

3）车辆的最大爬坡能力 α。

三个指标中，车辆的最高车速 v_{max} 和车辆的最大爬坡能力 α 通常取决于动力总成的静态匹配。按照基本理论分析，最高车速点为车辆以最高档位下、发动机在额定功率点工作的状态，此时油门（节气门）开度为100%。但在实际的应用中，最高车速点在发动机额定功率点附近，并不一一对应，许多车辆匹配时发动机功率略有"盈余"，因而这一指标并无实际意义，甚至许多车辆在运行过程中，可以获得高于理论最高车速的情形，因而近年来许多车辆，采用强制的"电子限速"，即通过电控系统对动力总成的干预，实现最高车速的"实际"控制。车辆的最大爬坡能力通常是车辆选用较低档位下，发动机在额定转矩点工作的情形，这项动力性指标往往为车辆性能鉴定的通过性指标，因而档位的选用以及转矩点的选取应在充分理论分析的基础上，需要进行试验验证，一旦达到，这一指标仅仅是动力性及通过性的一个表征。综上，上述两项指标的实现，更多依赖静态设计及匹配，需要进行动态标定的工作较少，在这里不展开论述。

针对动力性虚拟标定的应用，选用的表征动力性的指标是"0—Xkm/h"速度区间内的车辆加速时间 t。之所以选择这项指标为虚拟标定对象，是因为加速时间 t 值的影响是多方面的，既受发动机特性如负荷特性、点火正时、调速特性（柴油机），又受变速器换档规律、变矩器闭锁规律的影响，此外，影响因素还包含动力总成的结构特性，如系统惯量、离合器间隙、油路迟滞以及驾驶操纵方法等。因而，在实际应用中，完成初始静态匹配后，通常这个性能指标的标定只能在实际台架及道路行驶试验中反复迭代标定，直至最终达到目标。可见，这是一个非常耗费人力、物力的研发过程，也严重影响开发效率。于此，采用虚拟标定，依赖精确的动力总成对象模型，采用实时硬件，宛如真实的"车辆"在运行，采用真实的控制器，约束以同样的道路和操纵边界，则可以对不同参数组合的动态效果进行标

定评价，从而优选出目标结果，最终进行道路试验测试，减少实际标定工作量。X 为车速值，针对不同的应用对象可以采用不同值，通常对于乘用车该值为 100，这里研究的对象为某重载车辆，选用 X 值为 32。

8.2　动力性虚拟标定参数选取

如前文分析，影响车辆动力性的参数很多，或者说影响动力总成加速特性的参数很多。这里标定的对象为柴油动力结合电液自动变速器组成的动力总成。下面分别从动力及传动的核心控制参数来介绍虚拟标定技术。首先，对于柴油机的稳态特性，即万有特性在台架上已经完成，基本的喷油量及正时 MAP 等均已获得，已经达到了预先设计的动力性指标，仅对影响加速性的不同调速特性进行对比分析。

进而，开展自动变速器的特性标定，自动变速器的换档是通过离合器的接合与分离实现的，动力总成的电控单元可以控制离合器的操作，从而实现不同的换档控制。通常，根据应用目的不同，车辆的换档规律可以分为动力性换档规律、经济性换档规律、综合性换档规律等，面向动力性的虚拟标定，将对已经完成初始设计的动力性换档规律进行改进，观测其对车辆动力性的影响。

另外，还需要对影响加速性的变矩器闭锁特性进行标定。变矩器完成动力从发动机到变速器本体间的传递，低速时为液力工况，可以增矩，提高动力性，但使得经济性损失；车辆高速时实现变矩器的闭锁，可以实现更高的传动效率，提升系统的经济性。因此，闭锁的标定控制一方面是闭锁的开关控制，另一方面是不同发动机及变速器档位下的闭锁时刻选择，这里通过虚拟标定，研究闭锁规律对于动力性的影响。

基于以上，动力总成虚拟标定的示例为：①发动机调速特性选用；②自动变速器换档规律标定；③液力变矩器闭锁规律标定。通过以上虚拟标定的演示，可以明晰基本的流程及方法，为动力总成其他参数的标定提供参考。

8.3　动力性虚拟标定的基本示例

上文已经讨论了动力性虚拟标定的典型环节，下面将对上述环节进行具体实施过程介绍。在发动机调速特性、自动变速器换档规律、液力变矩器闭锁规律三类标定参数中，发动机调速特性作为动力源首先进行分析，液力变矩器闭锁规律和自动变速器换档规律则在加速过程中均需标定，不能将两者割裂开，原因如下：

1）相同档位下液力变矩器的闭锁曲线要高于动力性换档曲线，即在加速的过程中是先升档再闭锁。

2）在高档位进行换档时，此时由于液力变矩器已经闭锁，需要先解锁来减少换档过程的冲击。

因此，合理的标定流程是：先针对动力性换档规律进行标定，再研究动力性闭锁规律。

8.3.1　发动机调速特性对车辆动力性的影响分析

标定对象是带有电子调速器的柴油机，其调速特性的变化可以通过改变动力总成电控单

元中调速特性 MAP 图实现，而发动机的基本调速特性可以分为两极调速与全程调速两类。现就这两类调速特性对车辆动力性的影响分析如下。

首先，按照调速规律的设计初衷，两种调速特性分别面临不同的使用场景。通常，全程调速用于非道路应用场景，油门控制发动机转速，进而控制车速，遇到外界负载变化时，调速器会自动调节油量，从而保持该油门开度下的转速；两极调速则通常用于常规的商用车应用场合，其特点为调速器仅在小于怠速和大于额定转速的情况下起作用，在中间的工作区域，通过操纵油门就可以直接控制油量，或者说，在非调速区内，是通过油门控制油量与外界负载平衡，从而控制车速。

其次，从理论上分析，在 0—32km/h 加速测试中，油门开度保持 100%，或者说发动机应该工作在外特性上，几乎没有调速的介入。但实际加速测试中，在换档时刻需要进行发动机减矩处理，使得这时实际处于部分负荷工况，因而上述的调速特性对加速性的影响需要进行分析。在虚拟标定之前进行的离线仿真中，已经发现在部分负荷下两极的加速性要好于全程，体现出两极调速对于动力输出更加直接，而全程调速即使在外特性加速情况下，也存在一定的调速调整的迟滞，这点实际驾驶也有感觉。因此，针对本研究的标定对象，这里统一选用两极调速特性作为动力输出特性，与后面的传动系统进行匹配标定。而在加速过程中，两极调速基本工作于非调速区，且油门基本在全负荷，所以这里不对两极特性标定进行研究，设计采用在非调速段有一定斜率（负荷自适应）的近似等间距油门分割。

8.3.2　动力性换档规律的虚拟标定

1. 换档规律的分类

换档规律是自动变速器进行换档控制的基本规律，通过电控系统采集当前车速、油门位置等信息，进行换档控制操作，包括升档、降档以及保持当前档位。换档规律根据控制参数的不同可以分为单参数、双参数、三参数换档规律。而根据优化目标分类则有动力性换档规律（乘用车上的 S 档位）、经济性换档规律、综合性换档规律等。

（1）单参数换档规律

可以考虑作为换档依据的控制参数有发动机转速、油门、车速等，而单参数换档规律顾名思义指的是只选择其中一个控制参数作为控制输入。

由于发动机转速在动态过程中波动较大，而换档过程中的波动幅值则更加剧烈，所以基于发动机转速的单参数换档规律几乎无法实现。采用油门作为单一控制参数也有其弊端，因为油门会随着运行工况不断地变化，且所有需求（如加速及爬坡）最终只能通过油门这一单一变量进行应对，可能会引起误换档的出现。所以通常单参数换档规律采用车速作为控制参数，且升档、降档曲线之间存在间隔，即换档延迟，用来防止循环换档的出现。这种换档操纵控制过于简单，难以应对复杂的路况，驾驶性和舒适性就更无从谈起，几乎不被采用。

（2）双参数换档规律

双参数换档规律是目前被广泛采用的换档规律，选用的双参数组合包括车速与油门、车速与发动机转矩、液力变矩器的泵轮和涡轮转速等。

双参数换档规律根据不同的换档延迟又可以分为等延迟型、收敛型、发散型、强制低档发散型和组合型换档规律等，如图 8-1 所示。表述方式为横坐标代表车速，纵坐标为油门开度。这种换档规律的设计思路为：通常使发动机工况点维持在高效经济区，起到节能减排、

降低碳排放的目的；而当油门开度较大时，变速器升档更"滞后"，以保证车辆动力性。

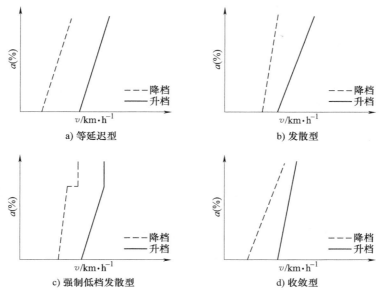

图 8-1 双参数换档规律基本类型

（3）三参数换档规律

在双参数换档规律的基础上，一些研究及产品中引入了车辆加速度作为换档控制参数，形成了三参数换档规律。这种做法的目的是使换档规律更符合动态运行特性。车辆的加速度主要用来反映车辆处于非稳态变化过程中的情况，比如加减速、起步、换档等动态过程。虽然理论上可让换档规律更智能，但实际应用中却有不少问题需要解决：首先，车辆加速度的测量及数据处理对控制器的计算处理能力提出了更高的要求；另外，多了一个参数维度，带来标定的难度增加；且从实际的使用效果看，相对于双参数规律效果提升并不明显。

综上，结合标定对象，这里采用车速及油门双参数延迟型换档规律作为标定对象——电液自动变速器的基本换档规律。

2. 动力性换档规律的制取

标定前，首先需要进行基本换档规律的制取，从而为后续虚拟标定奠定基础，通常采用的换档规律制取方法包含经验法、图解法、解析法。

经验法基于驾驶员的经验来制定换档规律，在不同运行工况下通过采集换档时刻不同的油门与车速的组合，并将大量的试验数据进行筛选与曲线拟合，最终制定换档规律曲线。此法由于车辆的差异性、驾驶员的熟练程度等问题，得到的规律差异性很大。图解法分为"车速-牵引力"曲线以及"车速-加速度"曲线两种。制取过程基本相似，针对某一特定档位，将各油门下的"车速-牵引力"或"车速-加速度"曲线绘制于一张图上，然后将曲线覆盖到所有档位，同一油门下的相邻曲线交点即动力性换档点，将各换档点进行曲线拟合即可得到相应的换档规律。解析法则更偏重于根据现有的大量发动机、变速器试验数据通过建模、拟合曲线，再通过一些理论或经验公式的推导来得出换档规律。这些换档规律制取方法各有利弊，这里采用图解法制取标定对象的动力性基本换档规律。

3. 动力性换档规律的虚拟标定

标定的电液式自动变速器带有液力变矩器，在其典型应用中，为了改善动力性采取了1、2档解锁，3、4档按设计规律闭锁的控制策略。此策略不仅可以在低速时利用液力变矩器的增矩作用，而且在高速时通过闭锁来避免变矩比减小以及传动效率降低带来的影响，因此变矩器的解、闭锁控制将对动力性产生影响。在对换档规律进行虚拟标定时，需要考虑到上述实际情况，即变速器处于1、2档时不涉及液力变矩器的闭锁操作，发动机与变速器之间属于液力传动，3、4档的情况下当车辆运行于特定工况而发生闭锁操作时，发动机与变速器之间由液力传动变成机械传动。根据发动机与变速器之间传动方式的不同，车辆的"车速-牵引力"曲线的绘制过程存在如下差异。

（1）液力变矩器解锁时的"车速-牵引力"曲线

当液力变矩器处于解锁状态时，需要计算出涡轮增压柴油机与液力变矩器共同工作时的输出特性。

发动机的转矩可由调速特性、油门位置以及当前发动机转速求得：

$$M_e = f_{gov}(n_e, th) \tag{8-1}$$

式中，M_e 为发动机的输出转矩；n_e 为发动机的转速；th 为油门开度；f_{gov} 为发动机所采用的调速特性。

根据前传动比 i_f（发动机与液力变矩器的速比）可得到传至液力变矩器的转矩，即泵轮转矩：

$$M_p = M_e i_f \tag{8-2}$$

而液力变矩器的泵轮转速 n_p 则由下式求得：

$$n_p = n_e / i_f \tag{8-3}$$

根据液力变矩器的泵轮转矩和转速及原始特性曲线，进而可求得液力变矩器的涡轮转矩与转速。由式（8-3）求得的泵轮转矩与转速，可由式（7-12）求得液力变矩器此时的泵轮转矩系数 λ_p。

根据泵轮转矩系数 λ_p 反查图7-5所示的原始特性图，得到液力变矩器的传动比 i。

$$i = f(\lambda) \tag{8-4}$$

由液力变矩器的泵轮转速 n_p 和传动比 i，可求出涡轮转速 n_t 如下：

$$n_t = n_p i \tag{8-5}$$

同理，依据液力变矩器的传动比 i 查取图7-5，可得到此时液力变矩器的变矩比 K：

$$K = f(i) \tag{8-6}$$

由液力变矩器的泵轮转矩以及变矩比，可以由下式求得涡轮转矩：

$$M_t = M_p K \tag{8-7}$$

车辆的牵引力可以由下式计算得出：

$$F_t = \frac{M_t i_g i_m}{r} \tag{8-8}$$

式中，i_g 为变速器传动比；i_m 为主减速比；r 为车辆的驱动轮半径。

而车速则由下式计算得出：

$$v = \frac{n_t}{i_g i_m} \frac{2\pi r \times 60}{1000} \tag{8-9}$$

由上述推导可见：固定油门位置不变，将发动机的转速作为输入变量时，则根据当前发动机的调速率以及油门位置可以计算出发动机的输出转矩，让发动机的转速从怠速覆盖至最高车速，能够求得液力变矩器解锁时各个档位下的"车速-牵引力"曲线。图 8-2、图 8-3 分别为油门位置为 50% 和 100%，液力变矩器解锁时的"车速-牵引力"曲线。

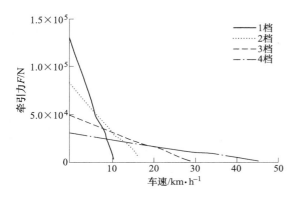

图 8-2 50%油门车速-牵引力图（非闭锁）

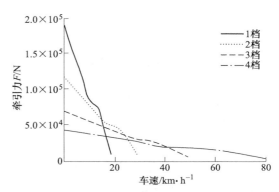

图 8-3 100%油门车速-牵引力图（非闭锁）

（2）液力变矩器闭锁时的"车速-牵引力"曲线

当液力变矩器闭锁时，车速与牵引力将直接由发动机输出的转速与转矩决定。依旧根据式（8-1）求出发动机当前工况的输出转矩。

通过前传动比，可以根据下式来求得液力变矩器的泵轮和涡轮转矩：

$$M_t = M_p = M_e i_f \tag{8-10}$$

牵引力与车速的计算仍按式（8-8）、式（8-9）进行。

固定油门位置不变，将发动机的转速作为输入变量时，则根据当前发动机的调速率以及油门位置可以计算出发动机的输出转矩，使发动机的转速从怠速线性覆盖至最高车速，求得液力变矩器闭锁时，各个档位下的"车速-牵引力"曲线。图 8-4、图 8-5 分别为油门位置为 50% 和 100%，液力变矩器闭锁时的"车速-牵引力"曲线。

在得出上述曲线后即可制定双参数动力性基本换档规律，选取相同油门下相邻档位的牵引力交点进行曲线拟合。对于 1-2

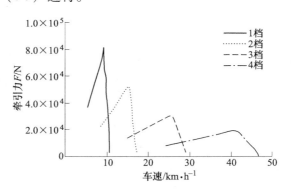

图 8-4 50%油门车速-牵引力图（闭锁）

档、2-3 档的升档过程，由前面分析得知此时不存在液力变矩器的闭锁过程，因此应当选取相同油门解锁情况下的牵引力交点；而 3-4 升档时由于液力变矩器已经闭锁，因此应当选取相同油门下闭锁时的牵引力曲线交点。然后将这些交点进行曲线拟合，最终可以得到原始的动力性双参数换档规律曲线，如图 8-6 所示。

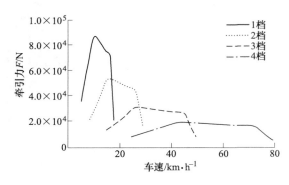

图 8-5　100%油门车速-牵引力图（闭锁）

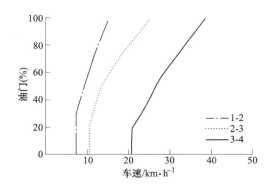

图 8-6　原始的动力性双参数换档规律

将上述初始动力性换档规律应用于所开发的动力总成虚拟标定平台，即将此规律通过标定软件工具写入动力总成控制单元，并进行 0—32km/h 加速虚拟试验，发现了如下问题：

1）标定的重型车辆最高车速相对较低，在油门较小、低档位的情况下，车速范围比较狭窄，无法覆盖实际应用中所对应的车速区间。

2）上述运行工况下，车辆偶尔还会出现循环换档的情况，即换入新档位后，由于驱动力的下降，进而降档的反复过程。分析原因认为：一方面是由于大惯量的重载车辆的加、减速变化均较为迟缓；另一方面是由于初始规律换档延迟区间较小所致。

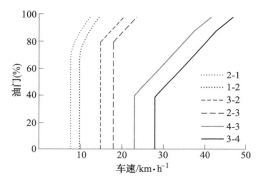

图 8-7　虚拟标定优化后的动力性
双参数换档规律

针对上述问题，在虚拟标定平台上对初始换档规律进行了修正与多轮次虚拟标定，最终得出了图 8-7 所示的动力性换档规律。

虚拟标定之后的换档规律与原始曲线的区别在于：

1）低档位情况下，小油门时换档曲线接近单参数换档规律，大油门时依旧保留双参数换档规律；高档位情况下，适当提高了小油门时的换档车速。

2）这种处理避免了初始动力性换档规律出现的循环换档问题，同时在各档位均以车辆动力性为标定目标。

图 8-8、图 8-9 分别为采用初始换档规律和虚拟标定优化后的动力性换档规律，在虚拟标定平台上进行 0—32km/h 加速试验时所得到的结果。

对比可以看出，采用原始换档规律时，车辆进行 0—32km/h 加速试验所需要的时间为 13.95s（注：计时均需扣除进入 1 档前的等待时间），而采用虚拟标定后的动力性换档规律后，0—32km/h 加速时间缩短为 12.27s。仿真结果表明，虚拟标定后的动力性换档规律对改善车辆的动力性具有一定的效果。

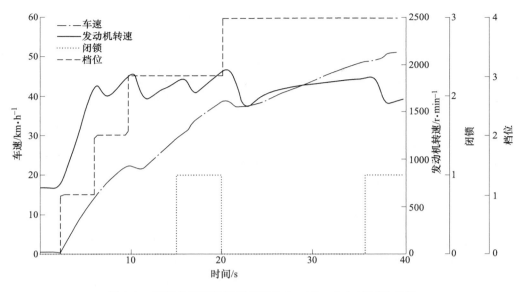

图 8-8　采用车辆原始换档规律的 0—32km/h 加速试验曲线

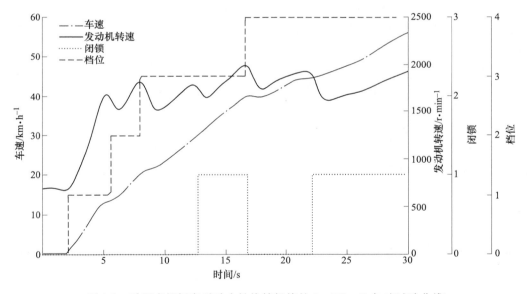

图 8-9　采用虚拟标定后动力性换档规律的 0—32km/h 加速试验曲线

8.3.3　液力变矩器动力性闭锁规律的虚拟标定流程

1. 液力变矩器闭锁规律的分类

前文已经介绍了液力变矩器的作用以及基本控制操作，这里进一步讨论变矩器的闭锁规律虚拟标定。通常，按照控制参数分类，闭锁规律可以分为单参数、双参数、三参数闭锁规律；而按照优化目标则可以分为动力性、经济性、制动性、转向性、舒适性以及综合型闭锁规律等。

单参数闭锁规律所采用的控制参数包括液力变矩器的涡轮转速、车速、档位等。无论选

取哪一种控制参数，都只能针对某一特定工况进行闭锁规律的优化，无法保证车辆运行于全工况都具有较好的动力经济性。

双参数闭锁规律所应用的控制参数组合包括液力变矩器的泵轮转速与涡轮转速、液力变矩器的涡轮转速与油门、车速与油门等。双参数闭锁规律基本上可以做到对车辆运行工况的全覆盖，而且闭锁控制的实现相对简单，因此是应用比较多的闭锁规律。这其中车速与油门的组合又被广泛采用，这是由于控制所需的输入参数为车辆动力总成最基本的特征参数，同时从上文可知，车速与油门的组合也是换档规律的控制参数，因此精简了控制器的输入接口。

三参数闭锁规律类似于三参数换档规律，也加入了加速度等控制参数作为补充，与三参数换档规律应用的情形类似，本文不进行讨论。这里重载商用车辆闭锁控制仍采用车速-油门开度的双参数控制。

2. 动力性闭锁规律的虚拟标定

动力性闭锁规律是为了充分利用发动机输出的牵引力，在液力传动牵引力小于机械传动时立刻进行闭锁操作，以改善车辆的动力性。

通过对比图8-2~图8-5可以看出，在相同的油门与档位下，"车速-牵引力"的解闭锁曲线将会有一个交点，这个交点即液力变矩器的闭锁点。通过求取所有油门开度的"车速-牵引力"闭锁点并用数学方法进行曲线拟合，即可得到初始动力性双参数闭锁规律。

但是，此原始的动力性闭锁规律并不能直接进行应用。在标定的过程中需要考虑如下问题：

1）当动力总成处于低档位（1、2档）时，为了适应复杂的路面工况并且防止发动机转速的突变而引起灭车，因此此时进行了闭锁屏蔽，即不进行闭锁操作。

2）当油门开度较小，发动机处于小负荷运转时，液力变矩器的解闭锁曲线在相同档位时并不存在交点。若此时采取闭锁操作，牵引力将会发生阶跃性的突变，带来车辆的振动与冲击，在车辆的NVH设计中，需要避免这种情况的发生，因而这种情形下也不进行闭锁操作。

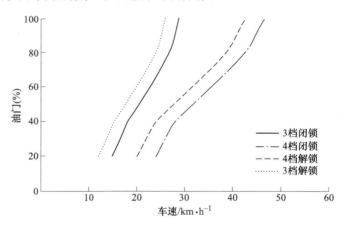

图8-10 虚拟标定优化后的双参数动力性闭锁规律曲线

综上所述，本文最终通过虚拟标定得到了图8-10所示的液力变矩器双参数动力性闭锁规律曲线。

在已完成的动力性换档规律虚拟标定的基础上，在虚拟标定平台上通过上位机界面将动力性闭锁曲线写入了电控单元，并进行车辆0—32km/h加速试验，所得到的结果图8-11所示。

仿真表明，采用了经过优化的动力性闭锁规律之后，车辆进行0—32km/h加速试验过程只耗时11.45s，动力性在采用动力性换档规律的基础上又有了进一步的提升。在完成上述虚拟标定后，将获得的动力性换档规律和闭锁规律可用于实际车辆行驶标定试验进行验证。

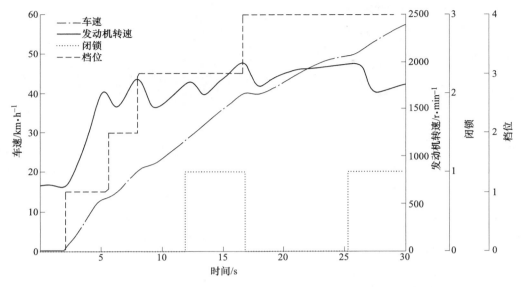

图 8-11　虚拟标定后动力性闭锁规律的 0—32km/h 加速试验曲线

8.4　实车 0—32km/h 加速试验验证

针对已经完成的虚拟标定规律进行了实车验证，对比通过稳态计算获得的初始规律与虚拟标定后的规律对车辆加速特性的影响，从而验证虚拟标定技术的效果。

动力总成搭载的车辆总重 16.8t。试验在某试车场进行，试验路面为平坦的普通柏油路面。试验过程中油门基本保持在 100%，首先让车辆保持原始状态进行试验（即不做标定优化），然后将前文所得出的虚拟标定结果固化至动力总成电控单元进行对比试验，如图 8-12 所示。

试验结果为：车辆未优化前进行 0—32km/h 加速试验过程耗时为 14.5s，而应用虚拟标定得到的结论后，加速试验的时间减少为 11.3s。因此可以认为，基于动力性的虚拟标定结果具有一定的改善车辆动力

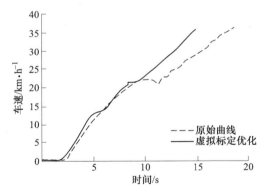

图 8-12　采用虚拟标定优化前后的实车 0—32km/h 加速试验

性的效果，证明了前文所描述的基于动力性的虚拟标定流程具有合理性与可行性，能够应用于实际的动力总成动力性优化标定，对于其他形式的动力总成的动力性标定也有一定的借鉴意义。

第9章

台架道路模拟加载系统

前文介绍了动力性虚拟标定技术，采用实时硬件平台装载动力总成标定模型，可以对真实动力总成控制单元的换挡规律及闭锁规律进行优化，从而将虚拟标定得到的结果用于实际车辆进行效果验证。然而，这种虚拟标定采用的是"虚-实"结合技术，"虚"是指对象模型及道路循环加载控制，"实"是指所采用的动力总成电控系统和标定软件工具均为实际采用的。因而，标定的效果，如精度和实时性，通常依赖模型的精度和硬件的实时处理能力。

更进一步动力总成"虚拟标定"的概念可以向前拓展，即"实-实"结合技术。第一个"实"将虚拟的动力总成（模型）变成实际的动力总成，即将上述虚拟标定获得的成果应用于真实的动力总成标定试验台，这是虚拟标定与实车标定的中间过程，台架试验如果能够模拟真实道路条件，则可以大量缩减外场行驶试验。这里，既然对象和控制单元都是真实的，则标定验证需要完成对于测功系统的自动加载，即依据车辆应用场合的道路谱，在时域中协调加载和动力总成动力输出的控制，这种台架道路循环模拟可用于标定测试动力总成经济性和排放性。

为了在台架试验台实现车辆道路模拟试验，需要设计相应的道路模拟加载系统，也可称之为司机助理系统，用以模拟道路状况以及自动驾驶车辆（动力总成）。因此，司机助理系统可设计为路谱加载模块和自动驾驶模块两个部分，如图9-1中虚线框所示。

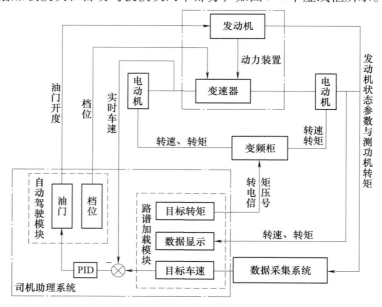

图 9-1   司机助理系统

9.1　理　论　基　础

9.1.1　路谱加载模块

路谱加载模块根据某试车场的车速和坡度等路面信息，经过理论分析计算得到车辆在行驶过程中所受到的阻力，再换算成至变速器输出端的阻力矩，即图 9-1 中的目标转矩，然后将目标转矩转换成电压信号，输出给测功机的控制柜，生成测功机电动机加载转矩，从而实现用台架测功系统模拟道路循环加载的过程，辅助完成动力总成的虚拟标定。

（1）变速器输出轴转矩

根据变速器输出轴动力学分析可知，变速器输出轴的转矩 T_o 可由以下公式计算：

$$T_o = T_r + I_o \alpha_o \tag{9-1}$$

式中，T_r 为等效至变速器输出轴的阻力转矩，包括地面阻力矩、坡道阻力矩和空气阻力矩；I_o 为等效至变速器输出轴的整车转动惯量；α_o 为变速器输出轴的角加速度。

（2）等效至变速器输出轴的整车转动惯量 I_o

根据动能相关理论可知，车辆的动能 E 为牵引运动动能 E_q 和相对运动动能 E_x 之和，即

$$E = E_q + E_x = \frac{1}{2}Mv^2 + \frac{1}{2}I_w\omega_z^2 = \frac{1}{2}\left(Mr_z^2 + I_w\right)\omega_z^2 = \frac{1}{2}\frac{Mr_z^2 + I_w}{i_o^2}\omega_o^2 = \frac{1}{2}I_o\omega_o^2 \tag{9-2}$$

式中，E_x 为与驱动轮有运动学联系的各旋转零件相对运动动能；M 为车辆质量；v 为车速；I_w 为各旋转件转动惯量和；ω_z 为驱动轮角速度；r_z 为驱动轮半径；i_o 为变速器输出轴到驱动轮之间传动比；ω_o 为变速器输出轴的角速度。

因此，等效至变速器输出轴的整车转动惯量 I_o 为

$$I_o = \frac{Mr_z^2 + I_w}{i_o^2} \tag{9-3}$$

（3）变速器输出轴的角加速度 α

当动力总成与测功机连接后，测功机在 t 时刻采集到变速器输出轴角加速度 $\bar{\alpha}$、变速器输出轴实际角加速度 α、变速器输出轴转矩 T_o、测功机输出转矩 T_c、测功机的转动惯量 I_{c0}，则有

$$\begin{cases} I_o\alpha = T_o - T_c \\ (I_o - I_{c0})\bar{\alpha} = T_o - T_c \end{cases} \tag{9-4}$$

联立方程式可解得变速器输出轴实际角加速度 α 和采样角加速度 $\bar{\alpha}$ 关系：

$$\alpha = \frac{(I_o - I_{c0})}{I_o}\bar{\alpha} \tag{9-5}$$

（4）等效至变速器输出轴的阻力转矩 T_r

车辆在行驶过程中所受阻力为地面变形阻力 R、坡道阻力 R_p 和空气阻力 R_k，由车辆动力学模型可知，对于各部分阻力，若把它们等效至变速器输出轴的阻力转矩，可由以下公式求得：

$$T_r = \frac{r_z}{i_o}(R + R_p + R_k) = \frac{r_z}{i_o}(fG\cos\alpha + G\sin\alpha + \frac{C_D A v^2}{21.15}) \tag{9-6}$$

（5）台架试验台测功机转矩 T_c

台架试验台中，测功机输出轴与变速器输出轴间转矩平衡，故测功机转矩 T_c 可由下式求得：

$$T_c = T_o = T_r + I_o \alpha_o = \frac{r_z}{i_o}(fG\cos\alpha + G\sin\alpha + \frac{C_D A v^2}{21.15}) + (\frac{Mr_z^2 + I_w}{i_o^2} - I_{c0})\overline{\alpha} \tag{9-7}$$

9.1.2 自动驾驶模块

自动驾驶模块包含自动油门和换档手柄操纵两个部分。因为本文研究内容为自动换档特性，所以换档手柄操纵的功能仅为动力总成起步时，由空档转为直接档，动力总成停机时，由直接档换为空档，这部分工作由人操作完成；因此，自动油门是自动驾驶模块的重点，它是由典型循环路面的目标车速与动力总成的实际车速的差值进行 PID 运算自动生成的，然后将油门开度转换为电压信号输送给动力总成集成控制单元，调节动力总成的实际车速，完成对目标车速的跟随，从而实现自动驾驶。自动驾驶模块的 PID 控制示意图如图 9-2 所示。

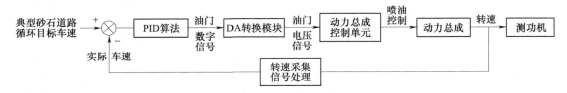

图 9-2 自动驾驶模块的 PID 控制示意图

车速调整 PID 控制器的理论算式为

$$u(t) = K_C \left[e(t) + \frac{1}{T_I}\int_0^t e(t)\,\mathrm{d}t + T_D\frac{\mathrm{d}e(t)}{\mathrm{d}t} \right] \tag{9-8}$$

式中，$u(t)$ 为控制器的输出；$e(t)$ 为目标车速与实际车速之差；K_C 为控制器的比例系数；T_I 为控制器的积分时间常数；T_D 为控制器的微分时间常数。

自动驾驶模块的 PID 控制依据采样时刻的偏差值计算控制量，即在采用计算机控制后对连续量进行的离散化。因此，式（9-8）中的积分项和微分项用数值计算的方法逼近，也称数字 PID 控制计算方法。数字 PID 控制算式通常分为位置式 PID 控制算式和增量式 PID 控制算式。自动驾驶模块采用的是位置式 PID 控制算式。

令 θ 为采样周期，在采样时刻 $t = k$ 时，式（9-8）表示的 PID 控制规律可以通过以下数值公式近似计算：

比例作用：

$$u_P(k) = K_C e(k) \tag{9-9}$$

积分作用：

$$u_I(k) = \frac{K_C}{T_I}\theta\sum_{i=0}^{k} e(i) \tag{9-10}$$

微分作用：

$$u_{\mathrm{D}}(k) = K_{\mathrm{C}} \frac{T_{\mathrm{D}}}{\theta} [e(k) - e(k-1)] \tag{9-11}$$

实际的位置 PID 控制器输出为比例作用、积分作用和微分作用之和，即

$$u(k) = u_{\mathrm{P}}(k) + u_{\mathrm{I}}(k) + u_{\mathrm{D}}(k) = K_{\mathrm{C}} e(k) + \frac{K_{\mathrm{C}}}{T_{\mathrm{I}}} \theta \sum_{i=0}^{k} e(i) + K_{\mathrm{C}} \frac{T_{\mathrm{D}}}{\theta} [e(k) - e(k-1)]$$

$$\tag{9-12}$$

9.2　硬　件　选　型

司机助理系统的硬件组成如图 9-3 所示。该系统是基于 LabVIEW 软件设计的，通过转矩传感器采集测功机的转矩，并记录当时的转速，然后利用串口通信 RS-485 将测功机的转矩和转速输送给 PC 中的监控程序，然后经过 USB-1203 板卡中的 DA 模块将目标转矩数字信号转换成电压信号，输送给测功机的控制柜；同时，串口通信采集的变速器输出轴转速，程序中由式（9-13）转换为车速，然后与典型砂石路面循环的目标转速比较，经过 PID 运算，可得数字信号的油门开度，经过 USB-6009 板卡中的 DA 模块将油门开度数字信号转换为电压信号，输送给动力总成控制单元。

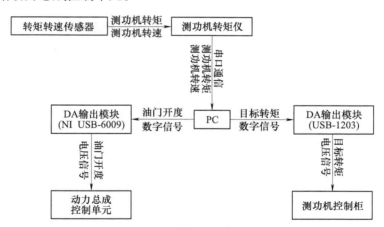

图 9-3　司机助理系统硬件组成

车速 v 与变速器输出轴转速 n_{b} 之间的对应关系，经校准，如下式所示：

$$v = 0.377 \frac{r_z n_{\mathrm{b}}}{i_{\mathrm{c}}} \tag{9-13}$$

式中，r_z 为驱动轮半径；i_{c} 为车辆的侧传动比。

9.2.1　测功机转矩/转速采集

测功机转矩仪采集转矩/转速传感器的频率信号，经过处理后在仪表上显示测功机转矩和测功机转速。测功机转矩仪与 PC 通信选用串口通信。

串口通信是指串口按位（bit）发送和接收字节，尽管比按字节（byte）的并行通信慢，但是串口可以在使用一根线发送数据的同时用另一根线接收数据，硬件简单并且能够实现较

远距离通信。其中，RS-232 是一种串行物理接口标准，它采取不平衡传输方式，即所谓单端通信。RS-232 通信最大传输速率为 20kbit/s，最大传输电缆长度为 15m。因 RS-232 接口传输效率慢、传输距离相对较短而无法满足通信系统的要求，实际应用中往往采用 RS-485 通信协议，与 RS-232 不一样，它采用了差分传输方式，也称作平衡传输。RS-485 定义了一种平衡通信接口，将传输速率提高到 10Mbit/s，传输距离延长到 1200m，并允许在一条平衡总线上连接最多 32 个接收器；同时它也增加了发送器的驱动能力和冲突保护特性，扩展了总线共模范围。测功机转矩仪采用了 RS-485 通信接口。利用 PC 自带的 RS-232 串行接口，外配一个 RS-232/RS-485 转换器，可实现测功机转矩仪与 PC 之间的通信。

9.2.2 路谱加载模块模拟输出

由图 9-3 可知，需要将目标转矩的数字信号转换成电压的模拟信号，所以需要一个 DA 转换模块。选用的是 USB-1203 板卡，它是一款多功能通用 A/D 板，采用 USB2.0 总线支持热插拔，能够与 PC 即插即用，无需地址跳线。USB-1203 具有 16 路模拟输入、2 路 12 位模拟输出、32 路开关量、2 路 24 位脉冲加法计数器、2 路 24 位 PWM 输出。同时数字地（GND）与模拟地（AGND）分离，单点接地，可消除回路干扰。板卡 USB-1203 的性能参数见表 9-1。

表 9-1　板卡 USB-1203 和 USB-6009 的模拟输出性能参数

板卡名称	USB-1203	USB-6009
操作系统/对象	Linux、Mac OS、Windows	Linux、Mac OS、Windows
通道数	2	2
分辨率	12bit	12bit
最大模拟输出电压范围	0 ~ 10V	0 ~ 5V
最大电压范围的精度	2.44mV	1.22mV
最小模拟输出电压范围	0 ~ 5V	0 ~ 5V
最小电压范围的精度	1.22mV	1.22mV
单通道电流驱动能力	5mA	5mA

本文中的动力总成输出呈"T"形分布，即变速器有两个输出轴分别与测功机的左右电动机相连接。加载到测功机的目标转矩分为左轮、右轮两个转矩，因此需要 2 路 DA 模拟输出接口，同时测功机控制柜的控制电压范围为 0~5V。USB-1203 具有 2 路 12 位 D/A 输出，输出电压 5V 或 10V，12 位分辨率，精度为 1.22mV，符合应用的功能与性能需求。

9.2.3 自动驾驶模块模拟输出

自动驾驶模块中的油门开度数字信号转换为电压信号是由板卡 USB-6009 实现的。这种板卡采用了总线供电设计，方便且易于携带；具有 8 路模拟输入通道（14 位分辨率），2 路模拟输出通道（12 位分辨率），12 条数字 I/O 线，32 位分辨率计数器。板卡 USB-6009 的性能参数见表 9-1。

自动驾驶模块中的油门开度信号 DA 转换需要 1 路模拟输出通道，油门开度电压为

0.5~4.5V，同时 1.22mV 精度符合控制精度要求。另外，在监控程序中，系统为每个 USB 数据采集设备均开发了一份 SignalEXpress LE 的副本，可以快速采集并分析数据，为应用 USB-6009 的 A/D 转换功能和采集功能提供了便利。

9.3　软　件　设　计

司机助理系统采用了图形化的编程语言实现。主程序可分为程序初始化、目标数据的读取、实际数据的采集、目标转矩的输出和油门开度的生成五个软件模块。其中，程序初始化模块单独由程序初始化软件单元组成；目标数据读取模块包括左轮、右轮的目标转矩和目标转速读取软件单元；实际数据采集模块包括左电动机、右电动机实际转矩和实际转速采集软件单元；目标转矩输出模块包括电动机控制电压标定软件单元和 USB-1203 模拟输出软件单元；油门开度生成模块包括 PID 运算软件单元和 USB-6009 模拟输出软件单元。司机助理系统主程序构成如图 9-4 所示。

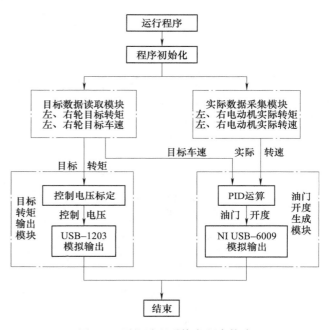

图 9-4　司机助理系统主程序构成

同时，司机助理系统主程序具有数据显示和存储的功能，方便对台架试验过程的状况进行监控以及数据的后处理。司机助理系统主程序监控数据包含目标车速、实际车速、目标转矩、实际转矩和油门开度的波形显示，测功机左、右电动机的转速和转矩的数字显示等信息。

9.3.1　程序初始化模块

程序初始化模块仅由程序初始化软件单元组成，主要包括初始化用于电动机控制电压标定的增益值和偏移值，重新分配 PC 中用于采集左右电动机转矩/转速信号的串口以及初始化目标转矩和目标转矩的时间轴。程序初始化软件单元如图 9-5 所示。

9.3.2　目标数据读取模块

目标数据读取模块包括读取左、右轮的目标转矩和目标转速等信息。以左轮目标转速读取软件单元为例，程序的流程是：弹出"请选择左转速数据表格"的对话框，打开指定路径下指定名称的 Excel 表格，并默认命名为"Sheet1"，读取"Sheet1"中的二维数组，读取范围为程序初始化模块中的转速表格读取坐标对应的范围，对二维数据进行分数/指数字符

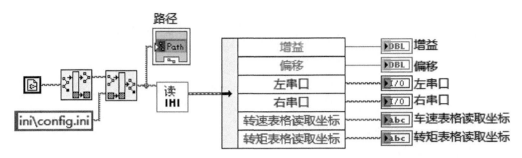

图 9-5　程序初始化软件单元

串至数值转换后，读取第二列数据为左轮目标转速的输出数值，然后保存表格的改动并关闭表格。具体的左轮目标转速读取软件单元如图 9-6 所示。其他的如左轮目标转矩、右轮的目标转矩和目标转速读取软件单元工作过程类似。

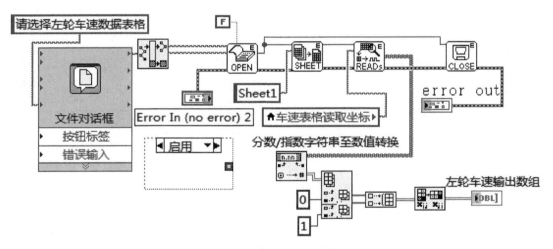

图 9-6　左轮目标转速读取软件单元

9.3.3　实际数据采集模块

　　左、右电动机的实际转矩和转速是通过串口通信从测功机转矩仪传输给 PC 的。在编程中，进行串口通信的基本步骤分为三步：串口配置、读写串口和关闭串口。以采集左电动机实际转矩和转速为例，详细介绍该模块软件流程。

　　串口配置，利用"VISA Configure Port. vi"节点设定串口的端口号、比特率、停止位、校验位和数据位，串口配置节点如图 9-7 所示。在图 9-7 中，VISA 资源名称是 PC 为串口通信分配的 COM 口，在程序初始化模块中为采集左电动机串口通信分配的串口是 COM1，并命名为左串口。设置串口的比特率为 19200bit/s，数据位为 8 位，停止位为 1 位，奇偶校验无，流控制（握手控制）为"0"，即不使用，握手控制只在串口缓存不足时才使用。

　　完成第一步串口设置后，程序就执行第二步动作，向串口写入字符。这一步动作由

"VISA Write" 节点完成，将 "2330 3139 300D 0A" 端口输入的数据写入串口的输出缓存，将字符串从串口发送出去。然后等待 100ms，因为串口将数据发送给 PC 后，串口与 PC 都需要时间执行程序。第三步为读取串口缓存动作，由 "VISA Read" 节点完成，从串口缓存中读取指定长度的数据。在使用

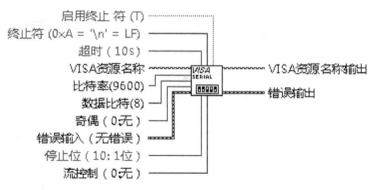

图 9-7　串口配置节点

"VISA Read" 节点读取串口前，可以先用 "VISA Bytes at Serial Port" 节点检测当前串口输入缓存中存在的字节数，然后由此指定 "VISA Read" 节点从串口输入缓存中读取的字节数，可以保证一次将串口输入缓存中的数据全部读出。第五步是完成发送与读取后关闭占用的串口资源，由 "VISA Close" 完成。

在第四步读取的数据中，截取偏移量为 1 开始，之后 7 个字符，然后将字符转换为十进制整数，即为左电动机实际转矩；截取偏移量为 9 开始，之后 5 个字符，然后将字符转换为十进制整数，即为左电动机实际转速，然后通过式（9-13）进行处理，即为左轮实际车速。

综上所述，左电动机实际转矩和转速采集软件单元如图9-8所示。

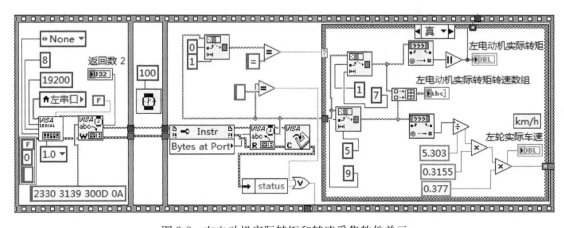

图 9-8　左电动机实际转矩和转速采集软件单元

9.3.4　目标转矩输出模块

测功机的目标转矩与测功机的电动机控制电压之间存在线性关系，所以在进行测功机目标转矩的输出时，需要对电动机控制电压值与测功机转矩值的线性关系进行标定，然后再将测功机的所有目标转矩都转换成电动机控制电压值，最终由主程序中 USB-1203 模拟输出软件单元输出给板卡。

（1）电动机控制电压标定软件单元

在对电动机控制电压值与测功机转矩值的线性关系进行标定前，需要测量几组测功机的实际转矩值和控制电压值，然后经过筛选，确定两组值作为标定的两个基准点，然后由两点式确定增益值 k 和偏移值 b，再由式（9-14）确定目标转矩对应的电动机的控制电压值。

$$u = kM + b \qquad (9\text{-}14)$$

电动机控制电压标定界面如图 9-9 所示。

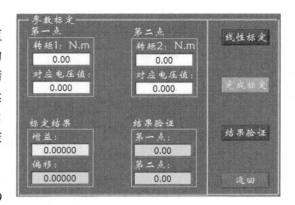

图 9-9　电动机控制电压标定界面

编程实现如图 9-10 所示。

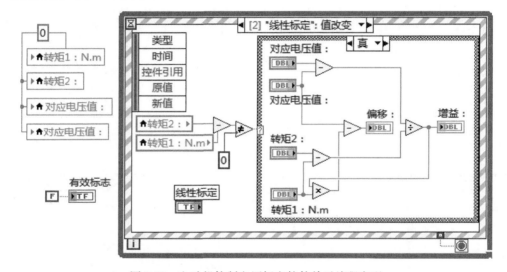

图 9-10　电动机控制电压标定软件单元编程实现

（2）USB-1203 模拟输出软件单元

经过电动机控制电压标定之后，得到左右变频器的电压，然后通过 USB-1203 模拟输出左右变频器的控制电压。USB-1203 模拟输出软件单元，也分为三个步骤：打开 USB-1203 设备、调用 USB-1203DA 输出和关闭设备。其中添加了显示是否打开成功功能。USB-1203 模拟输出软件单元如图 9-11 所示。

9.3.5　油门开度生成模块

（1）PID 运算软件单元

对目标转速与实际转速的差值进行 PID 计算，得到油门开度。采用的是位置式 PID 算式，程序由"PID（DBL）.vi"实现，如图 9-12 所示。在程序中设定转速差值的目标值为 0；输出值的范围为 0~60%；设计 PID 参数为 $K_C = 9$、$T_I = 4\text{min}$、$T_D = 0$；调节时间为 0.4s。其中 PID 参数是经过现场试凑法得到的，此部分内容会在下章详细介绍。

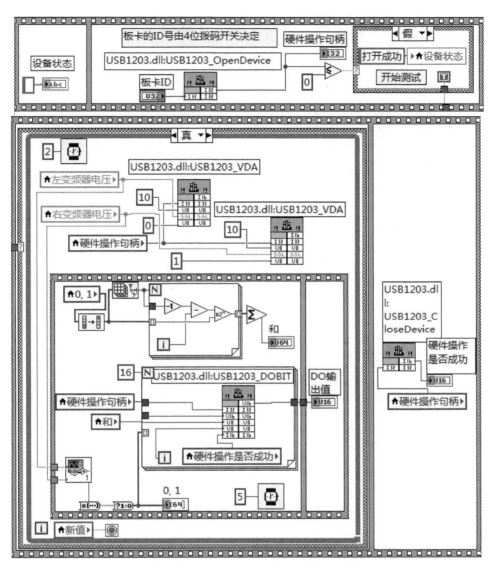

图 9-11 USB-1203 模拟输出软件单元

（2）USB-6009 模拟输出软件单元

油门开度的输出是采用程序中 DAQmx 模块实现的。首先，DAQmx 创建通道，连接物理设备 USB-6009 的模拟输出接口"ao0"，程序中被命名为"Dev1/ao0"，同时设置输出电压的范围为 0～5V；第二步为 DAQmx 开始执行任务，设备开始生成电压；第三步为将经过 PID 计算得到的油门开度写入通道，由"DAQmx write"节点完成；然

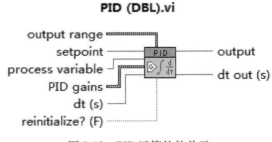

图 9-12 PID 运算软件单元

后是关闭通道，清除通道资源，分别由 "DAQmx stop task. vi" 和 "DAQmx clear task. vi" 完成。USB-6009 模拟输出软件单元如图 9-13 所示。

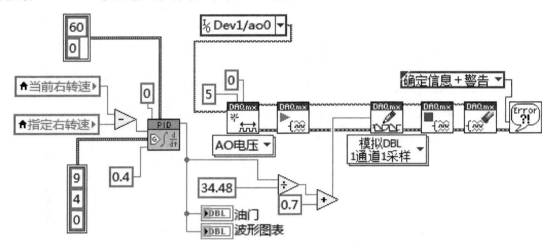

图 9-13　USB-6009 模拟输出软件单元

综上，通过进行系统动力学分析，完成了自动加载模块和自动驾驶模块的控制策略研究，进而完成了相关的硬件选型和控制软件开发，构建了可用于台架模拟实际道路加载的控制系统，可用于动力总成经济性台架标定研究。

第10章

动力总成台架经济性标定

基于上一章的道路模拟加载系统，本章将进行车辆动力总成经济性的台架试验标定，一方面对所设计的道路模拟加载系统的相关参数进行调整，进而以典型道路循环为约束，开展道路模拟条件下动力总成经济性的标定，从而使标定工作更加贴近实际车辆道路测试，验证这种标定方法的有效性。

10.1　台架试验系统

台架试验系统包括发动机、变速器、测功机、变频柜、恒温系统、数据采集系统、司机助理系统以及各循环的管路。台架试验系统构成示意图如图10-1所示。

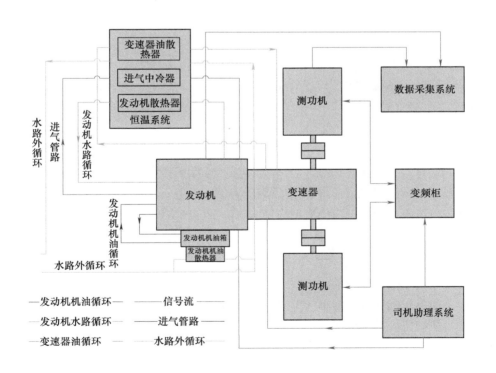

图 10-1　台架试验系统构成示意图（见彩插）

试验系统中，动力总成中的发动机与变速器的液力变矩器相连，变速器输出轴两端分别与两个测功机相连。测功机的两个电动机通过冷却风扇进行冷却；变速器油散热器、发动机进气中冷器和发动机散热器集成在恒温系统中；发动机机油散热器单独置于发动机机油箱下

部。操作间中从左到右依次为数据采集系统、监控 PC、司机助理系统、控制柜等，如图 10-2 所示。

10.1.1 动力总成

用于测试的动力总成与前文虚拟标定中的对象属于同一系列的产品，即动力单元为 V 型 8 缸涡轮增压柴油机，其高压燃油喷射系统为电控单体泵，采用一缸一泵的设计；自动变速器为带液力变矩器的重型定轴式变速器，采用手-自一体的换档控制模式，动力总成采用了综合控制单元完成系统的集成控制。这种动力总成主要应用于重型商用车及一些非道路场合，与前文的动力性虚

图 10-2　台架试验系统实物图

拟标定应用情形类似，在增加了上一章介绍的道路模拟加载系统后，这里主要完成系统的经济性标定，通过台架对道路的模拟，替代部分动力总成在实车中经济性的标定。

10.1.2 测功机

选用的测功机为大功率电涡流测功机，其测试输入端与变速器输出轴两端相连。电涡流测功机由测功机、控制器和测力装置组成。测功机的控制器转矩和转速调节模式有两种，并可以进行手动加载和自动加载，具有反拖功能。测功机具备外界控制接口功能，方便进行可编程的加载模式，从而使得测功机具有自动变工况加载的能力。

10.1.3 恒温系统

恒温系统主要用来保证发动机、中冷器、变速器的冷却介质处于相对恒定的正常工作温度。通过各个循环中温度传感器将温度信号传递给温控仪，调节管道水泵的转速，从而调节冷却水的流量，实现对冷却介质的温度控制。

10.1.4 动力总成状态监控系统

在道路模拟加载标定试验中，需要对动力总成的运行状态参数进行监控，以保证动力总成正常工作。动力总成综合控制单元的这些参数通过 CAN 通信进行传输，包括发动机转速、油门、车速、供油角、喷油提前角、进气压力、机油压力、进气温度、冷却液温度、档位、涡轮转速以及换档模式等参数。利用虚拟试验仪表编程软件，设计了状态监控建模，可以直观地观测试验的全历程，同时拥有标定功能，可以对各类控制参数进行实时参数标定调整。动力总成状态监控界面如图 10-3 所示。

10.1.5 司机助理系统

司机助理系统硬件包括司机助理系统 PC、USB-6009 板卡、USB-1203 板卡以及串口通

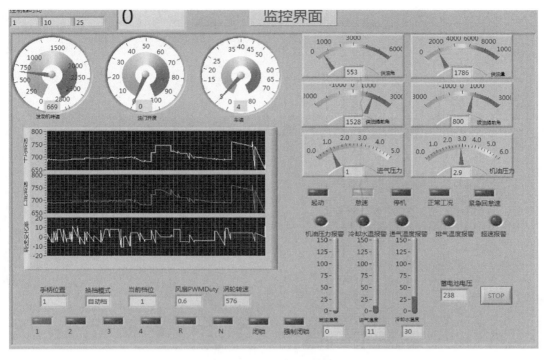

图 10-3　动力总成状态监控界面

信线束等。USB-6009 板卡用于自动驾驶中油门开度信号的 D/A 转换，发动机的油门开度生成方式有手动和自动两种，可通过开关旋钮进行切换，如图 10-4 所示。USB-1203 板卡安装在测功机控制柜中，同时，在控制柜面板上添加了切换测功机转矩手动加载和自动加载模式的开关旋钮。司机助理系统除了有路谱加载和自动加载功能外，还具有监控测功机相关参数、油门开度值以及动力总成运行参数等功能。试验中司机助理系统界面如图 10-5 所示。

10.1.6　数据采集系统

数据采集系统主要采集发动机转矩、测功机转矩、油门、车速、供油角、发动机机油压力、进气

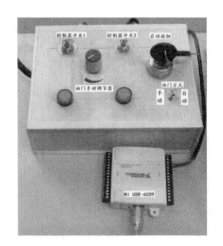

图 10-4　自动油门信号生成模块

温度、冷却液温度等信息。其中，发动机转矩和测功机转矩来自于转矩传感器，油门、车速和发动机等状态参数来自于动力总成综合控制单元，依据试验目的不同，采集系统可以进行相应的定制。基本数据采集系统界面如图 10-6 所示。

10.1.7　发动机转矩和测功机转矩采集

发动机转矩和测功机转矩利用 PXI-6624 板卡采集。下面以发动机转矩采集为例，介绍

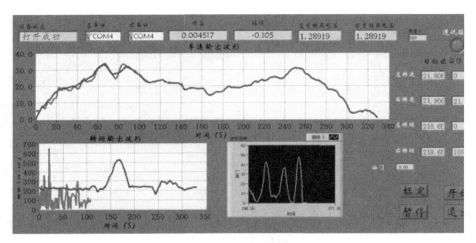

图 10-5　司机助理系统界面

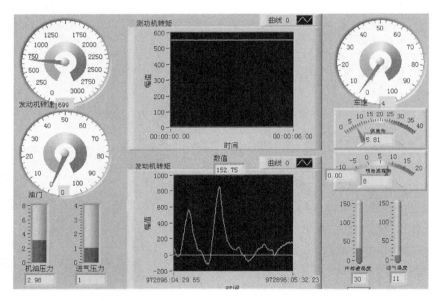

图 10-6　基本数据采集系统界面

转矩采集方法。发动机转矩信号为 5~10kHz 的频率信号，对应传感器量程 0~3000N·m，发动机转矩频率 f_e 和发动机转矩 M_e 之间符合线性关系。

$$M_e = \frac{3}{5}(f_e - 10000) \tag{10-1}$$

发动机转矩信号采集程序如图 10-7 所示，分为三个主要步骤：第一步，利用"DAQmx Create Channel. vi"节点创建通道，主要任务是选择设备 PXI-6624 的计数器 5，测量方法选择"单个计数器采集低频"法，开始测量为上升沿；第二步，利用"DAQmx Read. vi"节点读取通道中的数据，读取的数据为周期，倒数之后通过式（10-1）可转换为转矩；第三步，利用"DAQmx Clear Task. vi"节点清除通道中的资源。

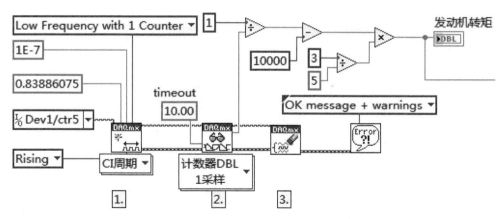

图 10-7　发动机转矩信号采集程序

10.1.8　CAN 通信

动力总成集成控制器的油门、车速和发动机状态等参数通过 CAN 通信进行传输。在程序中也包括三步：第一步，利用"StartCAN. vi"启动设备，同时设置"CAN 型号选择""设备索引号"和"CAN 通道索引"；第二步，利用"Receive. vi"接收数据，接收一串字符，包括 ID、时间信息、时间标志、发送形式、数据长度以及 8 个字节数据等信息；第三步，将字符串进行解捆绑，然后利用公式节点，把每个 ID 对应的物理参数计算出来，然后将这些参数在界面上显示以及写入保存文件。

10.2　自动驾驶系统 PID 参数标定

自动驾驶系统中油门开度的自动生成是由台架试验中动力总成的目标车速和实际车速的 PID 运算实现的，所以在进行典型砂石路面循环模拟试验之前，需要对自动驾驶系统的 PID 参数进行标定。本书的自动驾驶系统采用的是 PI 控制器，其整定方法为工程整定法中的经验试凑法。经验试凑法根据初始仿真计算结果，先将控制器的参数进行初始设置，而后在实际的试验台上进行道路循环模拟，根据比例系数 P、积分系数 I 对控制系统的影响规律，试凑调整使得车速跟随效果达到良好，从而为后续的动力总成控制特性标定奠定基础。

具体标定步骤如下：

1）确定比例系数 P。确定比例系数 P 时，首先去掉 PI 的积分项，令 $I=0$，使 PI 为纯比例调节。由 0 逐渐加大比例系数 P，直至系统出现振荡，如图 10-8 所示。当 $P=15$ 时，实际车速出现振荡；再反过来，从此时的比例系数 P 逐渐减小，直至系统振荡消失，记录此时的比例系数 P 为 12，设定 PI 的比例系数 P 为当前值的 60%~70%，令 $P=8$。比例系数 P 调试完成。

2）确定积分系数 I。由 0 逐渐加大比例增益 P，直至系统出现振荡；再反过来，从此时的 I 值逐渐减小，直至系统振荡消失，记录此时的积分系数 I 值，为 4。试验中当 $P=8$、$I=4$ 时车速跟随状况如图 10-9 所示。

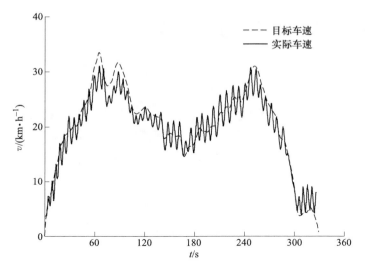

图 10-8　$P=15$、$I=0$ 的车速跟随状况

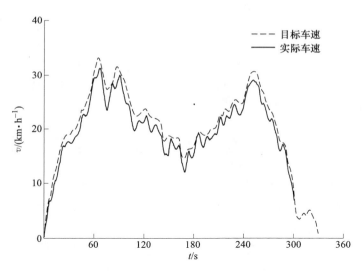

图 10-9　$P=8$、$I=4$ 的车速跟随状况

　　3）综合标定 PI 参数。由图 10-9 可知，在步骤 1）中选取的比例系数 P 值略小，导致实际值与目标值有一定的偏差。适当增大 P 值，当 $P=9$、$I=4$ 时，试验得到车速跟随状况如图 10-10 所示，跟随状况良好。

10.3　典型路面循环台架试验

　　自动驾驶系统的 PID 参数标定之后，就可以进行典型砂石路面循环台架试验，对先前计算仿真得到的经济性换档规律进行验证及优化。通过串口传输程序的在线标定模块，对动力总成集成控制器中的换档 MAP 进行修改，可以进行不同换档规律下的循环试验。运行司机助理系统主程序，提示选择路面循环的目标车速和目标转矩等信息，本书选用图 7-10 所

示的典型平整路面循环。同时油门生成选用自动模式，测功机加载模式选用自动加载模式。

图 10-11 所示为动力总成采用原始换档规律的典型路面循环台架试验结果。

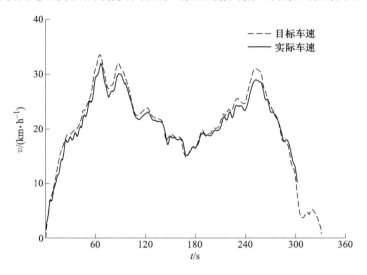

图 10-10　$P=9$、$I=4$ 的车速跟随状况

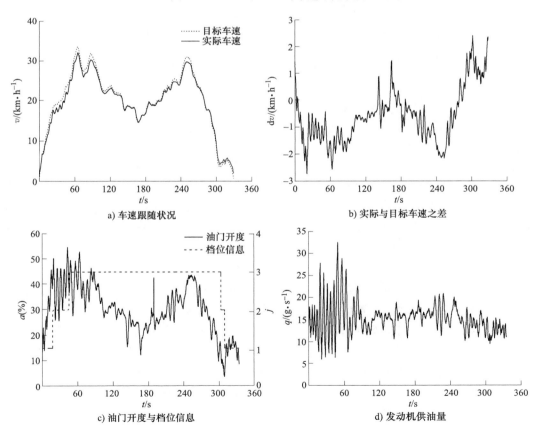

a) 车速跟随状况

b) 实际与目标车速之差

c) 油门开度与档位信息

d) 发动机供油量

图 10-11　动力总成采用原始换档规律的典型路面循环台架试验

将优化的经济性换档规律输入动力总成综合控制单元，图 10-12 为动力总成采用优化的经济性换档规律的典型路面循环台架试验结果。

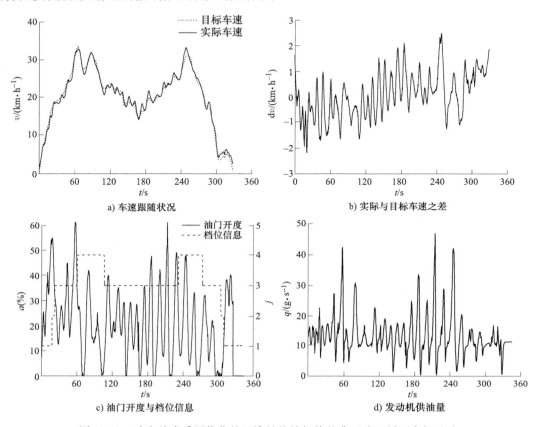

a) 车速跟随状况　　　　　　　　　　　　　b) 实际与目标车速之差

c) 油门开度与档位信息　　　　　　　　　　d) 发动机供油量

图 10-12　动力总成采用优化的经济性换档规律的典型路面循环台架试验

由图 10-11 和图 10-12 两个循环试验的档位信息可知，仿真得到的换档规律使得动力总成更早地换入了高档位，有利于车辆的经济性。通过道路加载模拟标定试验，可基本量化标定优化的效果。由动力总成的供油量，进行积分可以计算循环试验的循环油耗，采用原始换档规律的动力总成循环油耗为 5.1kg，采用优化后换档规律的动力总成循环油耗为 4.6kg，循环油耗减少了 9.8%，这说明优化后的经济性换档规律能够有效地降低动力总成的循环油耗。

由两个循环试验的实际车速与目标车速的差值可以知道，动力总成采用原始换档规律的循环试验的实际车速与目标车速差的绝对值最大为 2.7km/h，动力总成采用优化换档规律的循环试验的实际车速与目标车速差的绝对值最大为 2.5km/h，两种循环试验的实际车速与目标车速之差在 ±3km/h 之间变化，所设计的司机助理系统的车速跟随效果良好。采用这种虚拟标定方法，得到的优化规律在实车油耗的测试中也取得了较好的效果，表明虚拟标定对动力总成经济性优化有效。

第11章

INCA在发动机标定上的应用

前文介绍了一些动力总成标定的基本通识，以及新型的标定方法。在实际工业界的应用中，标定接口的标准化成为行业发展趋势，比如 20 世纪 90 年代出现的 CCP（CAN Calibration Protocol）协议，以 CAN 总线为硬件介质，是标准化标定接口的典型代表。到 2003 年，这个协议被发展成为 XCP（X Calibration Protocol），这里 X 可以代表不同的标定信息传输模式，如以太网、FLEXRAY 等。采用标准的标定接口成为行业内的发展趋势。

为介绍这种标准的标定技术，这里以一台四缸高压共轨发动机为研究对象，采用 INCA 标定系统，完成不同喷油量、喷油正时、喷射压力条件下，EGR 对进气氧浓度、缸内压力、缸内平均温度、瞬时放热率的影响规律，对滞燃期、燃烧持续期等燃烧参数的影响，以及对 NO_x、Soot 等排放的作用；演示采用标准化工具进行的发动机标定工作，可以完成面向发动机工作过程如燃烧、排放等各个方面的调整。对于不同的使用需求，可以进行相关的标定工作。

11.1　通用标准标定技术

车辆动力总成——发动机和变速器的控制系统本质上属于工业控制系统的一类特殊应用。为了在汽车领域建立一系列的规范和标准，1998 年德国多家汽车制造商联合成立了自动化及测量系统标准化组织（Association for Standardization of Automation and Measuring，ASAM 标准化组织）。该组织建立了一个名为 MCD（Measurement、Calibration and Diagnostics）的模型以实现对汽车应用系统的监控、标定和诊断，模型的各个接口的标准化定义称为 ASAP 标准。

ASAP 标准是一套得到工业界广泛认可的匹配标定规范，它对汽车应用系统的监控、标定和诊断过程中的数据交换方法和软硬件接口标准都进行了详细的定义，使系统开发有例可循。对于标定系统的开发来说，应用 ASAP 标准不仅能够在最大程度上保证产品的质量，并且基于 ASAP 标准设计的标定系统具有通用的软硬件接口，因此具有对不同厂家 ECU 的兼容性，能够在不同的硬件平台之间灵活使用。

ECU 与驱动程序之间的连接通过 ASAP1a 标

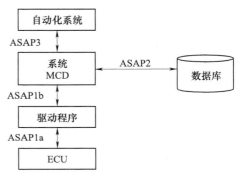

图 11-1　ASAP 协议架构

准定义，驱动程序与 MCD 之间通过 ASAP1b 标准定义，MCD 与数据库之间通过 ASAP2 标准定义，MCD 与自动化系统之间通过 ASAP3 标准定义[11]。这种协议的架构如图 11-1 所示。

国外已经有不少成熟的基于 ASAP 标准开发的标定系统产品拥有大量的用户。如 Vector 公司的 CANape 标定系统、ETAS 公司的 INCA 标定系统，它们基于 ASAP 标准开发，具有通用性高、平台和总线适应性好等特点，能够对符合 ASAP 标准的多种 ECU 进行标定，并且对多种通信协议（如 CCP、XCP 协议等）和多种总线接口（如 K 线接口、以太网接口和 CAN 通信接口等）都适用，在多种通信环境下均具有普适性。INCA 在现有的标定系统产品中各方面性能较为突出，功能较为全面，具有 ECU FLASH 编程、模型的预标定、基于模型的自动标定、监控数据存储分析、标定数据管理以及数据的持续处理和评估等功能。随着汽车电控系统标定功能需求的不断增加，标定软件更新换代迅速，INCA 软件面对市场的挑战，针对各种特定的使用环境需求，不断推出与其相适应的附加工具包，如 INCA-MIP（MATLAB 集成工具包）等。

INCA-MIP 工具包提供了 INCA 软件与 MATLAB 软件的接口，极大地拓展了 INCA 软件在计算方面的能力，MATLAB 通过该接口能够对 ECU 的监控参数和标定参数进行访问，并很方便地实现基于模型的自动标定。如图 11-2 所示，采用标定硬件工具，上位机装载自动化标定软件，完成标定优化分析解算工作，通过相关的接口协议，将优化形成的数据流下发到下位机——真实的对动力总成电子控制单元，从而形成自动标定优化的闭环操作。

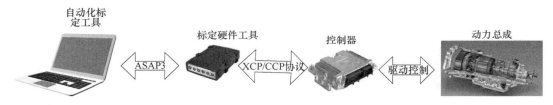

图 11-2　ASAP3 在动力总成标定中的应用

11.2　标定试验系统

11.2.1　发动机试验系统及测量装置

发动机试验系统台架结构包括试验发动机、进气系统、燃油系统、冷却系统、测功机、控制系统、测量系统等，图 11-3 所示为发动机试验系统台架结构示意图。通过改装发动机的进气系统，将原机的热 EGR 系统改为带中冷的冷却 EGR 形式，并在进气管路上加装电子节流阀，通过进气管理系统进行控制，配合 EGR 阀实现外部高压大 EGR 率废气的引回；同时为了保证发动机运行时稳定的进气、供油、冷却温度条件，避免环境条件带来的误差，进气温度、燃油温度以及冷却液温度均采用电控恒温辅助系统予以保证[2]。图 11-4 所示为试验台架局部实物图。

试验发动机采用第二代高压共轨喷油系统，为了方便调整喷油策略，发动机控制器采用带有 ETK 单元的 ECU，通过 INCA 连接 ES590 标定硬件接口模块，实现发动机状态参数的监控以及喷油参数（喷油压力、喷油时刻、喷油次数）的调整。发动机的主要技术参数见表 11-1。

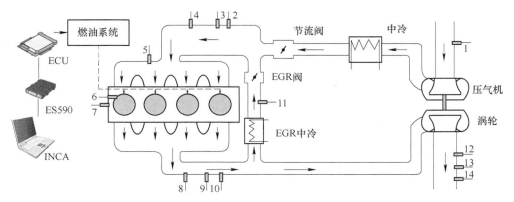

图 11-3　发动机试验系统台架结构示意图

1—MAF 传感器　2—EGR5230 进气压力传感器　3—EGR5230 进气氧浓度传感器　4—瞬态进气压力传感器
5—温压一体传感器　6—缸压传感器　7—角标仪　8—瞬态排气压力传感器　9—EGR5230 排气压力传感器
10—EGR5230 排气氧浓度传感器　11—EGR 冷却温度传感器　12—涡后排温传感器
13—NO$_x$ 传感器　14—烟度传感器

图 11-4　发动机试验系统试验台架局部实物图

表 11-1　发动机主要技术参数

参数名称	参数值	参数名称	参数值
形式	直列 4 缸、增压中冷	连杆长度/mm	159
缸径/mm	92	喷油系统	博世高压共轨
行程/mm	94	喷孔直径/mm ×喷油锥角/（°）	0.14×145
排量/L	2.499	进气门开启角/°CA ATDC	344.4
压缩比	17.5∶1	进气门关闭角/°CA ATDC	−115.6
最大功率/kW	105（4000/r·min^{-1}）	排气门开启角/°CA ATDC	114
最大转矩/N·m	340（2000/r·min^{-1}）	排气门关闭角/°CA ATDC	−328

台架使用主要测试及控制设备见表 11-2。

表 11-2 台架使用主要测试及控制设备

序号	设备名称	设备型号	用途	精度	制造厂家
1	测功机	CW160	测试发动机性能	—	凯迈机电有限公司
2	燃烧分析仪	DEWE5000	测量计算燃烧参数	$0.1°CA$	DEWETRON
3	缸压传感器	6056A	测量缸压信号	线性误差<0.3%	Kistler
4	光电编码器	2614A	测量曲轴转角信号	$0.1°CA$	Kistler
5	瞬态压力传感器	4005B	测量进排气压力	线性误差<0.2%	Kistler
6	烟度计	415S	测量排放烟度	0.001FSN	AVL
7	NO_x 测量仪	5WK9	测量 NO_x 排放	±1%	Continental
8	EGR 测量仪	EGR5230	测量 EGR 率	±0.5%	ECM
9	进气系统控制器	自制	管理进气状态	—	自制
10	电控标定系统	ES590、INCA	标定发动机参数	—	ETAS

在试验过程中，需要记录台架系统温度、压力、排放数值以及控制喷油系统、EGR 阀、节流阀等机构的动作执行。台架控制采集系统结构示意图如图 11-5 所示，主要分为以下五个方面：

1）进气管理系统。基于 MC9S12XDP512 微控制器设计了发动机进气管理系统，匹配 EGR 阀与节流阀机构动作，实现发动机不同的燃烧模式；采集 EGR 率测量设备输出的 EGR 率、过量空气系数 ϕ_a 信息；产生系统同步信号，用于同步不同测量控制设备（燃烧分析仪系统、排放系统、测功机系统等）之间的时间；产生触发记录信号，用于触发/停止 DEWE 燃烧分析仪进行参数的记录。

2）EGR 率测量系统。通过采集进/排气氧浓度以及进/排气氧浓度对应的压力信号，计算 EGR 率以及 ϕ_a，并将采集和计算信息通过 6 路模拟电压通道输出。

3）燃烧分析仪系统。采集发动机角标仪、缸内压力、瞬态进排气压力、喷油器电流信号、EGR 率测量设备输出的进排气氧浓度及压力信息、进气管理系统输出的同步信号及触发记录信号；其中缸压信号采样间隔为 $0.1°CA$，用于初步计算缸内瞬时放热率、燃烧相位等燃烧特征参数。

4）排放系统。采集发动机排放测量设备的 NO_x 和烟度信息。

5）测功机系统。采集发动机工作过程中的油耗、进/排气压力、温度等稳态信号以及控制发动机的运行工况和冷却液温度、燃油温度、进气温度等恒温系统。

11.2.2 数据采集方法及特征参数计算方法

为了准确采集发动机工作过程中的数据，试验前需要对测量传感器进行标定，避免传感器参数基线漂移带来误差，保证参数的测量精度。每一个测量工况点，在发动机运行状态稳定后测量 3 次数据，剔除异常值，防止测量误差。

特别对于基于角度域进行采集的信号，如瞬态缸压信号、瞬态进排气压力信号等，首先要进行曲轴相位的同步，识别气缸压缩上止点。由于试验台架使用电涡流型测功机，不能对

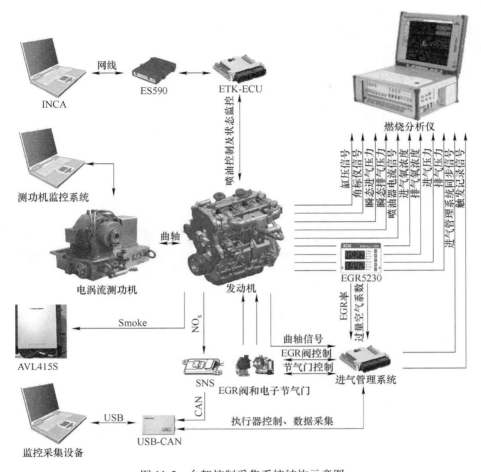

图 11-5　台架控制采集系统结构示意图

发动机进行主动倒拖，因此试验中采用"断缸法"确定气缸压缩上止点位置。缸压传感器采用 Kistler 公司 6056A 预热塞型传感器，安装在原机第 4 缸预热塞孔内，将发动机转速设定运行在 1000r·min^{-1}，第 4 缸断油，测量 50 个循环发动机缸压倒拖曲线，并进行热力学修正，获得较为准确的压缩上止点的位置。

发动机的一些特征参数需要根据传感器采集的原始数据按照内燃机学的定义进行计算或单位转换，例如瞬时放热率、IMEP、燃烧相位、EGR 率、NO$_x$ 和 Soot 排放等，本节介绍了几种典型的特征参数计算方法。

1. 瞬时放热率

瞬时放热率是用于评价缸内燃烧过程放热速率的一个重要指标。通过测量的缸压数据，根据热力学第一定律，假设燃烧过程中缸内工质为理想气体以及单区混合，并忽略缸内换热以及比内能的变化，可以计算得到缸内的净功瞬时放热率（Apparent Heat Release Rate，AHRR）：

$$\frac{\mathrm{d}Q_{\mathrm{app}}}{\mathrm{d}\varphi} = \frac{1}{\kappa - 1}\left(\kappa p_{\mathrm{cyl}}\frac{\mathrm{d}V_{\mathrm{cyl}}}{\mathrm{d}\varphi} + V_{\mathrm{cyl}}\frac{\mathrm{d}p_{\mathrm{cyl}}}{\mathrm{d}\varphi}\right) \tag{11-1}$$

式中，Q_{app} 为净功瞬时放热率；κ 为比热容；p_{cyl} 为缸内压力；φ 为曲轴转角；V_{cyl} 为缸内容积，根据发动机曲柄连杆机构几何参数，计算表达式为

$$\begin{cases} V_{cyl} = V_c + \dfrac{1}{4}\pi D_{cyl}^2 x_{pis} \\ x_{pis} = r\left[(1 - \cos\varphi) + \dfrac{1}{\lambda}(1 - \sqrt{1 - \lambda^2 \sin^2\varphi}) \right] \end{cases} \tag{11-2}$$

式中，V_c 为气缸顶隙容积；x_{pis} 为活塞位移；λ 为曲柄连杆比；r 为曲柄半径；D_{cyl} 为气缸直径。

发动机工作循环内的总瞬时放热率（Gross Heat Release Rate，GHRR）表达式为

$$\frac{dQ_{gr}}{d\varphi} = \frac{1}{\kappa - 1}\left[\kappa p_{cyl}\frac{dV_{cyl}}{d\varphi} + V_{cyl}\frac{dp_{cyl}}{d\varphi} + (u - c_v T_{cyl})\frac{dm_c}{d\varphi} \right] - \sum h_i \frac{dm_i}{d\varphi} + \frac{dQ_{ht}}{d\varphi} \tag{11-3}$$

式中，Q_{gr} 为总瞬时放热率；u 为工质比内能；T_{cyl} 为缸内平均温度；c_v 为定容比热容；m_c 为工质质量；$\sum h_i dm_i$ 为系统边界处部分工质 m_i 带入/带出系统的能量；Q_{ht} 为缸内与燃烧室边界之间的换热量。

通常净功瞬时放热率和总瞬时放热率曲线形式相同，但幅值由于换热等过程的存在，比总瞬时放热率低 15%~20%，累计放热率通过对总瞬时放热进行积分即可获得。

2. EGR 率

EGR 率用于表征排气中废气被重新引回到进气道中的量。试验过程中的 EGR 率，采用美国 ECM 公司的 EGR5230 测量仪，通过测量进排气总管中的氧浓度（图 11-3 中 3、10 位置）计算得到。体积比 EGR 率的计算方法为

$$R_{v,EGR} = \frac{[O_2]_{amb} - [O_2]_{int}}{[O_2]_{amb} - [O_2]_{exh}} \times 100\% \tag{11-4}$$

式中，$R_{v,EGR}$ 为体积比 EGR 率；$[O_2]_{amb}$ 为环境氧浓度；$[O_2]_{int}$ 为进气总管氧浓度；$[O_2]_{exh}$ 为排气总管氧浓度。

EGR5230 测量仪使用的氧传感器为 LSU4.2 型宽域氧传感器（Universal wide band Exhaust Gas Oxygen，UEGO），传感器的测量原理示意图如图 11-6 所示。通过在传感器内部氧化锆元件组成的泵电池上加载电压，控制泵电流的大小，使氧浓差电池电压保持在 0.45V，此时泵电流的值即反映了环境氧浓度。由于氧浓差电池的测量参考源为传感器内部参考室内的空气，容易受到环境废气的污染，因此在试验前需要根据当前的温湿度环境计算环境氧浓度，标定 EGR5230 测量仪。

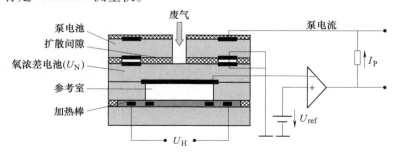

图 11-6　LSU4.2 型 UEGO 传感器测量原理示意图

在氧浓度测量过程中，传感器环境压力同样会对电流测量结果造成误差，因此需要根据当前传感器周围环境对测量电流值进行修正。环境压力与测量电流修正曲线如图 11-7 所示。

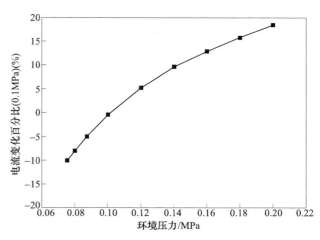

图 11-7　LSU4.2 环境压力与测量电流修正曲线（$\phi_a > 1$）

3. NO_x 排放

传感器测量排气中的 NO_x 含量时，测量结果为体积分数单位（10^{-6}），因此需要对其进行单位转换，将体积分数单位转换为运行工况的比排放单位 $[g \cdot (kW \cdot h)^{-1}]$，转换关系式为

$$
\begin{cases}
BS_{NO_x} = \dfrac{1.587 \times 10^{-3} R_{NO_x}(m_{air} + m_{fuel}) f(T_{int}, P_{int}, Ra_{int}, m_{air}, m_{fuel})}{P_e} \\[4pt]
f(T_{int}, P_{int}, Ra_{int}, m_{air}, m_{fuel}) = \{1 + [0.309 f(P_{int}, T_{int}, Ra_{int}, m_{air}, m_{fuel}) \\
\qquad - 0.0267][\dfrac{6.22 f(T_{int}, Ra_{int})}{P_{int} - f(T_{int}, Ra_{int})/100} - 10.71] + [9.54 \times 10^{-3} - 0.21 \\
f(P_{int}, T_{int}, Ra_{int}, m_{air}, m_{fuel})(T_{int} - 24.85)]\}^{-1} \\[4pt]
f(T_{int}, Ra_{int}) = 9.8 \times 10^{-3} Ra_{int} \times \exp[58.74 - \dfrac{6852.5}{T_{int} + 273.15} - 5.26 \times \\
\ln(T_{int} + 273.15)] \\[4pt]
f(P_{int}, T_{int}, Ra_{int}, m_{air}, m_{fuel}) = \dfrac{m_{fuel}}{m_{air} - m_{air}\dfrac{6.22 f(T_{int}, Ra_{int})}{P_{int} - f(T_{int}, Ra_{int})/100}/1000}
\end{cases}
\tag{11-5}
$$

式中，BS_{NO_x} 为 NO_x 比排放；R_{NO_x} 为 NO_x 体积排放；P_e 为发动机功率；m_{air} 为进气量；m_{fuel} 为油耗量；T_{int} 为进气温度；P_{int} 为进气压力；Ra_{int} 为进气湿度。

11.2.3　标定试验方案

标定试验的目的在于研究不同的燃烧控制参数对发动机低温燃烧性能和排放性能的影响，通过协调控制电子节流阀与 EGR 阀的开度，改变 EGR 率，实现发动机缸内低温燃烧或传统燃烧模式。试验过程中柴油温度保持在 40℃，中冷后进气温度控制在 35℃，冷却液恒温系统温度设置为 85℃。

在发动机不同的转速和负荷下，研究了稳态条件下不同的 EGR 率、EGR 温度、喷油相位、喷油压力对发动机燃烧特性和排放特性的影响。表 11-3 为发动机具体试验运行工况。

转速 /r · min⁻¹	负荷（%）	喷油策略	喷油相位/°CA ATDC		喷油压力/MPa	EGR 率（%）
			预喷	主喷		
1500	18, 25, 35	单次	—	−14～−7	75, 100, 140	0～55%
1750	20, 25, 35	单次	—	−14～−7	75, 100, 140	0～55%
2000	20, 25, 35	单次	—	−14～−7	75, 100, 140	0～55%

11.3　瞬态工况 EGR 标定分析

EGR 由于具有稀释效应、热效应和化学效应，在降低发动机 NO_x 排放以及实现低温燃烧模式中发挥着重要作用。因此，本节从化学反应平衡的角度，详细分析了瞬态工况 EGR 的分子式平衡关系，推导了进排气氧浓度与 EGR 率以及过量空气系数之间的关系，并分析了发动机 EGR 率的特点。

11.3.1　EGR 率定义方法

对于 EGR 率的计算，目前没有统一的方法，通常分为两类方法：质量比 EGR 率计算和体积比 EGR 率计算。

根据 EGR 率的物理定义方法，质量比 EGR 率的一种计算方法为

$$R_{m,EGR} = \frac{\dot{m}_{EGR}}{\dot{m}_{EGR} + \dot{m}_{air} + \dot{m}_f} \tag{11-6}$$

式中，$R_{m,EGR}$ 为质量比 EGR 率；$\dot{m}_{EGR}$ 为 EGR 质量流率；$\dot{m}_{air}$ 为新鲜空气质量流率；$\dot{m}_f$ 为循环油量。

在实际发动机使用环境中，由于 EGR 的废气流量很难直接测量，因此式（11-6）的方法很少被工程应用。当发动机在稳态工况条件下，一种简化的方法，可以根据发动机转速和进气空气流量传感器信号进行 EGR 率的估算：

$$R_{m,EGR} = 1 - \frac{MAF_{current}}{MAF_{init(w/oEGR)}} \tag{11-7}$$

式中，$MAF_{current}$ 为空气流量传感器当前测得数据；$MAF_{init(w/oEGR)}$ 为空气流量传感器在当前工况下没有 EGR 时，提前标定保存在控制 MAP 中的空气流量。

体积比 EGR 率的计算主要分为两种：基于 CO_2 浓度的计算和基于 O_2 浓度的计算。其中，基于 CO_2 浓度的计算方法根据布置在发动机进/排气总管（与图 11-3 中传感器 3、10 位置相同）上的 CO_2 浓度传感器测量结果进行计算，在发动机台架试验中得到广泛应用，计算表达式为

$$R_{v,EGR} = \frac{[CO_2]_{int} - [CO_2]_{amb}}{[CO_2]_{exh} - [CO_2]_{amb}} \times 100\% \approx \frac{[CO_2]_{int}}{[CO_2]_{exh}} \times 100\% \tag{11-8}$$

式中，$[CO_2]_{int}$ 为进气总管 CO_2 浓度；$[CO_2]_{exh}$ 为排气总管 CO_2 浓度；$[CO_2]_{amb}$ 为环境 CO_2 浓度。

与 CO_2 测量方法相似，也可以通过布置在进/排气总管上的 O_2 浓度传感器进行体积比 EGR 率的计算，本文中即采用这种方法进行体积比 EGR 率的计算，可以在发动机的面工况运行范围内有很好的准确性。

11.3.2 瞬态工况 EGR 化学反应平衡过程分析

当柴油在缸内燃烧时，假设缸内油气混合均匀，单位摩尔柴油与新鲜空气反应完全燃烧的化学反应方程为

$$C_aH_b + \phi_{a0}\left(a + \frac{b}{4}\right)(O_2 + \mu N_2) \longrightarrow$$

$$aCO_2 + \frac{b}{2}H_2O + \mu\phi_{a0}\left(a + \frac{b}{4}\right)N_2 + (\phi_{a0} - 1)\left(a + \frac{b}{4}\right)O_2 \tag{11-9}$$

式中，C_aH_b 为柴油化学分子简化式；ϕ_{a0} 为初始过量空气系数；μ 为环境氮气和氧气的摩尔浓度比，会受到环境温湿度的影响。

假设缸内一直处于稀燃状态，燃烧过程中过量空气系数恒大于1，当 EGR 被引回气缸重新参与燃烧时，第一个循环的化学反应方程为

$$C_aH_b + (1 - R_{v,EGR})\phi_{a0}\left(a + \frac{b}{4}\right)[O_2 + (1 + \mu)N_2]$$

$$+ R_{v,EGR}\left[aCO_2 + \frac{b}{2}H_2O + \mu\phi_{a0}\left(a + \frac{b}{4}\right)N_2 + (\phi_{a0} - 1)\left(a + \frac{b}{4}\right)O_2\right]$$

$$\longrightarrow (1 + R_{v,EGR})\left(aCO_2 + \frac{b}{2}H_2O\right) + \mu\phi_{a0}\left(a + \frac{b}{4}\right)N_2 + (\phi_{a0} - 1 - R_{v,EGR})\left(a + \frac{b}{4}\right)O_2 \tag{11-10}$$

在缸内的第二个燃烧循环，类似式（11-10）的化学反应过程继续进行，直到进/排气总管中的氧浓度达到平衡，发动机运行重新达到稳态，此时缸内的化学反应平衡方程为

$$C_aH_b + \mu\phi_{a0}\left(a + \frac{b}{4}\right)N_2 + (R_{v,EGR} + R_{v,EGR}^2 + \cdots + R_{v,EGR}^n)\left(aCO_2 + \frac{b}{2}H_2O\right)$$

$$+ \left[\phi_{a0} - R_{v,EGR}(1 + R_{v,EGR} + R_{v,EGR}^2 + \cdots + R_{v,EGR}^{n-1})\right]\left(a + \frac{b}{4}\right)O_2$$

$$\longrightarrow (1 + R_{v,EGR} + R_{v,EGR}^2 + \cdots + R_{v,EGR}^n)\left(aCO_2 + \frac{b}{2}H_2O\right) + \mu\phi_{a0}\left(a + \frac{b}{4}\right)N_2 \tag{11-11}$$

$$+ \left[\phi_{a0} - R_{v,EGR}(1 + R_{v,EGR} + R_{v,EGR}^2 + \cdots + R_{v,EGR}^n)\right]\left(a + \frac{b}{4}\right)O_2$$

对式（11-11）采用等比数列求和方法进行简化，可得

$$\mathrm{C}_a\mathrm{H}_b + \mu\phi_{a0}\left(a + \frac{b}{4}\right)\mathrm{N}_2 + R_{v,\mathrm{EGR}}\frac{1 - R_{v,\mathrm{EGR}}^n}{1 - R_{v,\mathrm{EGR}}}\left(a\mathrm{CO}_2 + \frac{b}{2}\mathrm{H}_2\mathrm{O}\right)$$

$$+ \left(a + \frac{b}{4}\right)\left(\phi_{a0} - R_{v,\mathrm{EGR}}\frac{1 - R_{v,\mathrm{EGR}}^n}{1 - R_{v,\mathrm{EGR}}}\right)\mathrm{O}_2$$

$$\longrightarrow \frac{1 - R_{v,\mathrm{EGR}}^{n+1}}{1 - R_{v,\mathrm{EGR}}}\left(a\mathrm{CO}_2 + \frac{b}{2}\mathrm{H}_2\mathrm{O}\right) + \mu\phi_{a0}\left(a + \frac{b}{4}\right)\mathrm{N}_2 + \left(a + \frac{b}{4}\right)\left(\phi_{a0} - \frac{1 - R_{v,\mathrm{EGR}}^{n+1}}{1 - R_{v,\mathrm{EGR}}}\right)\mathrm{O}_2$$

$$(11\text{-}12)$$

通常 EGR 阀调节位置后，增加/减少的 EGR 量会影响下一循环的缸内燃烧状态，这种情况下一般需要 30 个左右的循环，缸内才能重新达到稳态平衡，此时 $R_{v,\mathrm{EGR}}^{30}$ 趋近于零，可以近似省略，并且过量空气系数近似为 $\phi_{a0}(1 - R_{v,\mathrm{EGR}})$，因此式（11-12）可以简化为

$$\mathrm{C}_a\mathrm{H}_b + \mu\frac{\phi_a}{1 - R_{v,\mathrm{EGR}}}\left(a + \frac{b}{4}\right)\mathrm{N}_2 + \frac{R_{v,\mathrm{EGR}}}{1 - R_{v,\mathrm{EGR}}}\left(a\mathrm{CO}_2 + \frac{b}{2}\mathrm{H}_2\mathrm{O}\right) + \left(a + \frac{b}{4}\right)\frac{\phi_a - R_{v,\mathrm{EGR}}}{1 - R_{v,\mathrm{EGR}}}\mathrm{O}_2$$

$$\longrightarrow \frac{1}{1 - R_{v,\mathrm{EGR}}}\left(a\mathrm{CO}_2 + \frac{b}{2}\mathrm{H}_2\mathrm{O}\right) + \mu\frac{\phi_a}{1 - R_{v,\mathrm{EGR}}}\left(a + \frac{b}{4}\right)\mathrm{N}_2 + \left(a + \frac{b}{4}\right)\left(\frac{\phi_a - 1}{1 - R_{v,\mathrm{EGR}}}\right)\mathrm{O}_2$$

$$(11\text{-}13)$$

从式（11-13）中分别对燃烧反应前、后部分进行进、排气氧浓度提取整理。

$$\begin{cases} [\mathrm{O}_2]_{\mathrm{int}} = \dfrac{\left(a + \dfrac{b}{4}\right)(\phi_a - R_{v,\mathrm{EGR}})}{\left(a + \dfrac{b}{2}\right)R_{v,\mathrm{EGR}} + \left(a + \dfrac{b}{4}\right)\left[(1 + \mu)\phi_a - R_{v,\mathrm{EGR}}\right]} \\[4mm] [\mathrm{O}_2]_{\mathrm{exh}} = \dfrac{\left(a + \dfrac{b}{4}\right)(\phi_a - 1)}{\left(a + \dfrac{b}{2}\right) + \left(a + \dfrac{b}{4}\right)\left[(1 + \mu)\phi_a - 1\right]} \end{cases} \quad (11\text{-}14)$$

由于试验用柴油的 C∶H 元素摩尔比近似为 1∶2，代入式（11-14）中整理，得到 ϕ_{a0}、$R_{v,\mathrm{EGR}}$ 和进/排气氧浓度之间的关系：

$$\begin{cases} [\mathrm{O}_2]_{\mathrm{int}} = \dfrac{1 - \dfrac{R_{v,\mathrm{EGR}}}{\phi_a}}{(1 + \mu) - \dfrac{R_{v,\mathrm{EGR}}}{3\phi_a}} \approx \dfrac{1}{(1 + \mu)}\left(1 - \dfrac{R_{v,\mathrm{EGR}}}{\phi_a}\right) & (1) \\[5mm] [\mathrm{O}_2]_{\mathrm{exh}}\dfrac{\phi_a - 1}{\dfrac{4}{3} + \left[(1 + \mu)\phi_a - 1\right]} & (2) \\[5mm] R_{v,\mathrm{EGR}} = \dfrac{3}{4}\phi_a\left[1 - (1 + \mu)[\mathrm{O}_2]_{\mathrm{int}}\right] & (3) \\[5mm] \phi_a = \dfrac{1 + 0.33[\mathrm{O}_2]_{\mathrm{exh}}}{1 - (1 + \mu)[\mathrm{O}_2]_{\mathrm{exh}}} & (4) \end{cases} \quad (11\text{-}15)$$

式（11-15）（1）中，由于 $R_{v, EGR}/(3\phi_a)$ 趋近于零，因此可近似省略。同时，从式（11-14）、式（11-15）中可以看出，发动机进气的过量空气系数可以通过排气氧浓度进行直接估算；EGR率与进气氧浓度、过量空气系数以及环境氧浓度有关，并且进气氧浓度与EGR率和过量空气系数的比值近似存在线性关系。

图11-8所示为试验中通过EGR率测量仪获得的EGR率与进气氧浓度之间的关系曲线，试验工况为 $1500\text{r} \cdot \text{min}^{-1}$、30%负荷。通常发动机燃烧过程中过量空气系数大于1，因此发动机的排气中含有一定浓度的氧，在EGR的作用下被重新引回气缸燃烧。随着EGR率的增加，进气总管内测量的氧浓度持续降低，其中进气氧浓度中新鲜空气贡献的氧浓度值线性降低，而EGR贡献的氧浓度呈现先升高后降低的趋势，在EGR率为30%左右时，达到最大值。

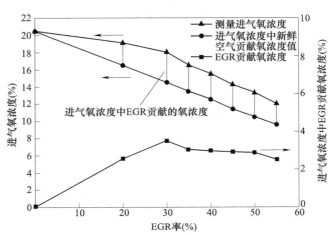

图11-8　进气氧浓度随EGR率变化关系曲线

图11-9、图11-10分别为在多个工况下试验获得的进气氧浓度与EGR率和过量空气系数比值的关系曲线以及过量空气系数的测量值与按式（11-15）（4）的计算值随排气氧浓度的关系。可以看出，试验测得的进气氧浓度与EGR率和过量空气系数的比值同样存在近似的线性关系，两者之间可以根据式（11-15）（1）近似估算校核；过量空气系数的测量值和计算值在不同负荷随排气氧浓度变化时，最大计算误差在5%以内。

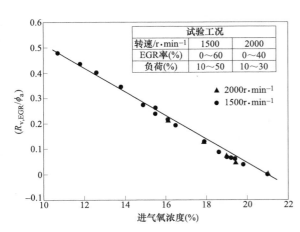

图11-9　进气氧浓度与EGR率和过量空气系数比值的关系曲线

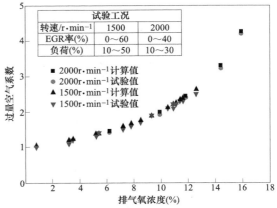

图11-10　过量空气系数的测量值与计算值随排气氧浓度的关系

11.4　燃烧控制参数标定及影响分析

本节主要通过标定试验，研究在单次喷油策略下 EGR 率、EGR 温度、喷油相位以及喷油压力等燃烧控制参数对发动机燃烧特性和排放特性的影响。

这里滞燃期定义为燃油喷入气缸到瞬时放热率开始显著上升对应的曲轴转角；燃烧持续期为滞燃期结束到燃料燃烧放热率达到 90% 所对应的曲轴转角；燃烧前期为滞燃期结束到燃料燃烧放热率达到 50% 所对应的曲轴转角；燃烧后期为从燃料燃烧放热率 50% 所对应的曲轴转角开始到放热率达到 90% 所对应的曲轴转角；指示热效率为实际循环指示功与消耗燃油热量的比值。

11.4.1　EGR 对缸内工作过程的影响

1. EGR 率的影响

本节在固定的转速和循环油量下，通过调整 EGR 率实现发动机传统燃烧模式与低温燃烧模式的转换。图 11-11 所示为在转速 1500r·min^{-1}、循环油量 15mg·cyc^{-1}工况下，喷油相位-7°CA ATDC、喷油压力 75MPa，EGR 率从 0% 增加到 55% 时，缸内压力以及瞬时放热率的变化曲线。从图中可以看出，随着 EGR 率的升高，缸内最高燃烧压力峰值逐渐降低，在倒拖压缩阶段，缸内压缩压力逐渐降低；在 0%~30%EGR 率区间，随着 EGR 率的增加，瞬时放热率峰值稍有增加，在 30%~55%EGR 率区间，放热率峰值逐渐降低，且燃烧持续期逐渐增大。

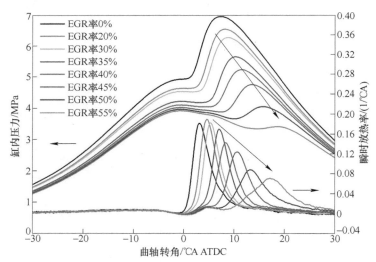

图 11-11　缸压、瞬时放热率随 EGR 率变化曲线

（1500r·min^{-1}、15mg·cyc^{-1}）（见彩插）

这是因为，EGR 率在增加的过程中，返回缸内的 CO_2、H_2O 等三原子分子数量逐渐增加，导致进气比热容增大，倒拖阶段缸内气体压缩温度以及燃烧阶段缸内燃烧温度降低。图 11-12 所示为缸内平均温度随 EGR 率变化曲线。由理想气体状态方程可知，在相同的曲

轴转角下，缸内压力会逐渐降低，同时，由于EGR率的增大，在非可调增压的情况下，降低了增压器的效率，进气压力有所下降，同样造成了缸内压缩以及燃烧压力的降低。在转速1500r·min^{-1}、循环油量15mg·cyc^{-1}工况下，当EGR率低于30%时，随着进气氧浓度的降低，滞燃期延长，滞燃期内准备的混合气量相应增加，因此瞬时放热率峰值会稍有增加；EGR率超过30%后，逐渐降低的氧浓度以及缸内温度，使得燃烧反应放热速率变慢，燃烧持续期延长。

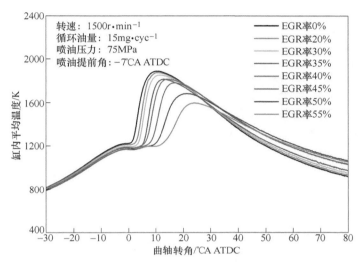

图11-12　缸内平均温度随EGR率变化曲线

（1500r·min^{-1}、15mg·cyc^{-1}）（见彩插）

图11-13所示为滞燃期和燃烧持续期随EGR率变化的曲线。可以看出，随着EGR率的增加，滞燃期和燃烧持续期均呈现单调增长的趋势；当EGR率小于35%时，滞燃期和燃烧持续期的增长幅度不太明显，当EGR率超过35%以后，滞燃期和燃烧持续期明显延长，EGR率为55%较EGR率为0%时，涨幅超过100%。

图11-14所示为1500r·min^{-1}、15mg·cyc^{-1}工况下，发动机的NO$_x$和Soot排放随EGR率变化的

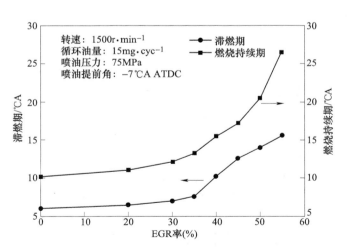

图11-13　滞燃期和燃烧持续期随EGR率变化曲线

关系曲线。从图中可以看出，NO$_x$排放随着EGR率的增加呈单调降低趋势，Soot排放在0%~30%EGR率区间稍有升高，在30%~45%EGR率区间增长速率比较明显，当EGR率超过45%后又快速降低。

这是因为，由于EGR率升高后增加了进气比热容，加之进气氧浓度的降低，导致缸内

燃烧最高温度下降，NO$_x$ 排放降低；而 Soot 的排放是生成和氧化共同作用下的结果，EGR 率增加后（低于 45% 时），此时缸内燃烧火焰核心区温度仍然较高，虽然滞燃期延长提高了油气混合的比例，有助于降低 Soot 排放，但进气氧浓度的降低造成缸内局部区域混合气过浓，同时 Soot 的氧化速率变慢，在相同曲轴转角内被氧化的比例减少，因而排放反而增加，当 EGR 率超过 45% 后，缸内燃烧温度继续降低，逐渐避开了 Soot 的生成区域，进入低温燃烧模式，此时 Soot 排放迅速降低。

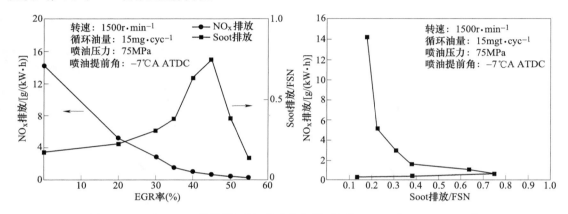

图 11-14　NO$_x$、Soot 排放随 EGR 率变化曲线（1500r·min^{-1}、15mg·cyc^{-1}）

可见，随着 EGR 率的增加，发动机缸内燃烧状态从传统燃烧模式进入低温燃烧模式，虽然在低温燃烧模式时 NO$_x$ 和 Soot 污染物排放均同时降低，但由于缸压的下降以及燃烧相位的后移，造成 IMEP 的降低，输出转矩下降。在实际应用中，燃烧模式切换时，需要对输出转矩进行补偿。

图 11-15 所示为在转速 1500r·min^{-1}、循环油量 11mg·cyc^{-1} 工况下，喷油相位 $-7°$CA ATDC、喷油压力 75MPa，EGR 率从 0% 增加到 33% 时，缸内压力以及瞬时放热率的变化曲线。图 11-16 所示为在转速 1500r·min^{-1}、循环油量 20mg·cyc^{-1} 工况下，喷油相位 $-7°$CA ATDC、喷油压力 75MPa，EGR 率从 0% 增加到 30% 时，缸内压力以及瞬时放热率的变化曲线。可以看出，在相同转速下，EGR 率从 0% 增加到 30% 左右，循环油量为 11mg·cyc^{-1} 时，瞬时放热率峰值会出现先升高后降低的趋势，而循环油量为 20mg·cyc^{-1} 时，瞬时放热率峰值随着 EGR 率的升高，开始逐渐降低。这是因为瞬时放热率主要受到滞燃期内的油气混合程度和氧浓度的影响，EGR 率的增加导致进气氧浓度降低以及缸内燃烧温度的降低，滞燃期有所增长，滞燃期内准备的混合气增多，但在发动机中小负荷区间，随着负荷的增加，喷油持续期延长。循环油量 11mg·cyc^{-1} 和 20mg·cyc^{-1} 相比，滞燃期长度相差不大，但滞燃期内的循环油量逐渐增加，过量空气系数下降，滞燃期内油气的混合程度下降，当超过一定油量后，放热速率变慢，因此瞬时放热率峰值逐渐降低。

2. EGR 温度的影响

本节采用燃油单次喷射，在转速 1500r·min^{-1}、循环油量 15mg·cyc^{-1} 工况下，喷油相位 $-7°$CA ATDC、喷油压力 75MPa、35%EGR 率时，通过改变 EGR 的回流温度，研究 EGR 温度对总进气温度以及发动机缸内燃烧情况的影响。图 11-17 所示为 EGR 温度分别为 52℃

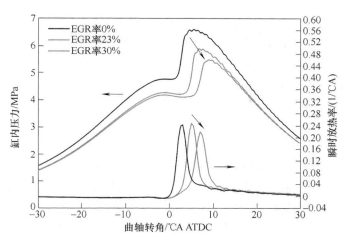

图 11-15　缸压、瞬时放热率随 EGR 率变化曲线

（1500r·min^{-1}、11mg·cyc^{-1}）（见彩插）

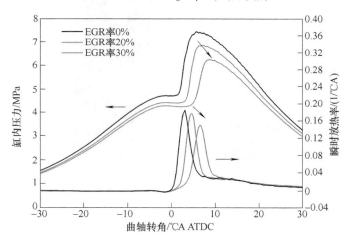

图 11-16　缸压、瞬时放热率随 EGR 率变化曲线

（1500r·min^{-1}、20mg·cyc^{-1}）（见彩插）

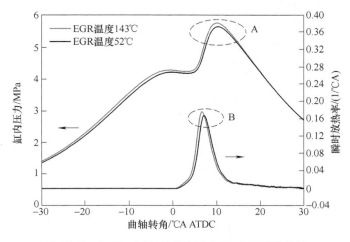

图 11-17　缸压、瞬时放热率随 EGR 温度变化曲线

和 143℃时，缸内压力以及瞬时放热率的变化曲线。从图中可以看出，当 EGR 温度为 143℃时，循环内缸压、瞬时放热率曲线略高，并且最大缸压和瞬时放热率峰值出现位置较早。

EGR 温度的提高，直接影响了发动机的进气温度，这是因为进气总管内的温度取决于新鲜空气以及 EGR 的温度和进气比例。进气温度提高后，加快了燃烧放热进程，瞬时放热率峰值增加，缸内的燃烧温度升高，由理想气体状态方程可知，缸内的压缩压力和燃烧压力会有所提高；进气温度的提高同时会缩短滞燃期，减少了燃油和空气的混合时间，导致油气混合程度降低。

图 11-18 所示为 EGR 温度分别为 52℃和 143℃时，NO_x 和 Soot 排放的对比情况。从图中可以看出，当 EGR 温度为 143℃时，NO_x 和 Soot 排放均略有增加。这是因为 EGR 温度的增加提高了缸内的平均燃烧温度，造成了 NO_x 排放的增加；同时滞燃期的缩短导致混合气的预混比例减少，油气混合程度下降，扩散燃烧比例增加，使得 Soot 排放上升。

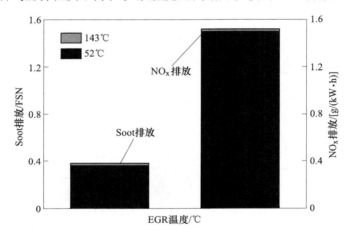

图 11-18　NO_x、Soot 排放在 EGR 不同温度时的对比情况

试验过程中，在转速 1500 $r \cdot min^{-1}$、循环油量 15mg·cyc^{-1} 工况下，固定 EGR 冷却器流量时，EGR 回流气体的温度与 EGR 率的大小相关。在 0%~45% 的 EGR 率区间，EGR 气体温度随着 EGR 率的增加而升高，当超过 45% 的 EGR 率后，发动机缸内进入低温燃烧模式，EGR 气体温度逐渐降低，如图 11-19 所示。EGR 气体温度的增加会造成燃烧相位提前，缸内充量温度、燃烧温度以及缸内压力的增加，导致 NO_x 和 Soot 排放的恶化，因此需要对 EGR 的冷却温度进行合理的匹配，防止过高的进气温度，控制缸内的燃烧相位和排放水平。

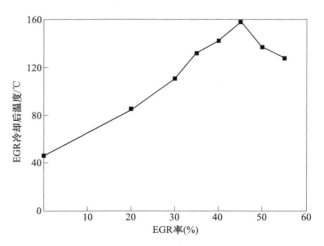

图 11-19　EGR 气体温度随 EGR 率变化曲线

11.4.2 喷油相位对缸内工作过程的影响

本节在单次喷油条件下，通过调节喷油定时参数，研究喷油相位对发动机缸内燃烧和排放特征的影响。图 11-20、图 11-21 分别为转速 1500r·min⁻¹、循环油量 15mg·cyc⁻¹工况下，在传统燃烧模式（EGR 率为 37%）和低温燃烧模式（EGR 率为 55%），燃油喷射压力 75MPa，喷油相位分别为-7℃A、-9℃A、-11℃A、-14℃A 时，缸内压力以及瞬时放热率的变化曲线。从图中可以看到，随着喷油相位的推迟，在传统燃烧模式和低温燃烧模式下，缸内最高燃烧压力以及瞬时放热率峰值均逐渐降低，并且在低温燃烧模式当喷油相位推迟到 -9°CA ATDC 之后，缸内的最高燃烧压力峰值开始低于压缩上止点处的压力。

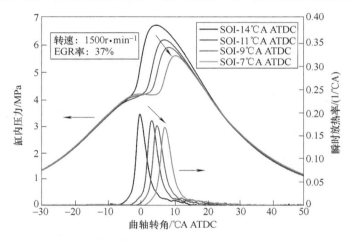

图 11-20　缸压、瞬时放热率随喷油相位变化曲线

（EGR 率 37%）（见彩插）

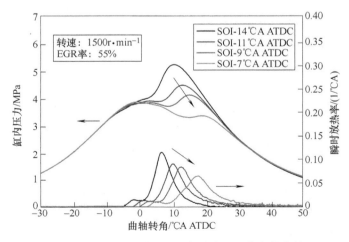

图 11-21　缸压、瞬时放热率随喷油相位变化曲线

（EGR 率 55%）（见彩插）

图 11-22 所示为不同喷油相位时，滞燃期、燃烧前期（SOC-CA50）和燃烧后期（CA50-

CA90）的变化曲线。随着喷油相位的推迟，在传统燃烧模式，滞燃期略有缩短，缸内的放热速率减缓，燃烧持续期相应有所延长，但幅度变化不大；而在低温燃烧模式，由于缸内存在复杂的低温冷焰反应，滞燃期延长，燃烧前期持续期增长幅度不大，但燃烧后期持续期大幅增加。

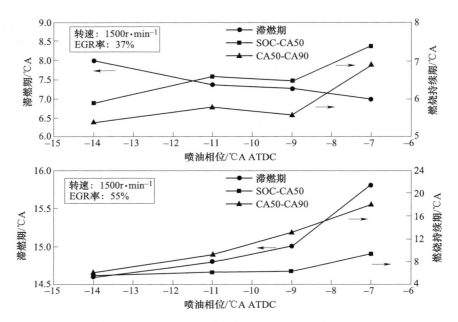

图 11-22　滞燃期和燃烧持续期随喷油相位变化曲线

图 11-23 所示为不同燃烧模式，喷油相位对缸内的指示热效率以及压力升高率的影响关系曲线。从图中可以看出，在传统燃烧模式，喷油相位对指示热效率影响较小，指示热效率相差不大，但在低温燃烧模式，指示热效率随着喷油相位的推迟从 39% 下降到 36% 左右；在传统燃烧模式和低温燃烧模式，压力升高率均随着喷油相位的推迟而减小，特别在低温燃烧模式，当喷油相位推迟到 $-7°CA$ ATDC 时，缸内接近失火，低温燃烧对于喷油相位较为敏感。

图 11-24 所示为不同的燃烧模式，喷油相位对缸内的 NO_x、Soot 排放的影响关系曲线。可以看到，在传统燃烧模式，NO_x 的排放随着喷油相位的推迟下降明显，Soot 排放上升；而在低温燃烧模式，NO_x 排放水平很低，在 $0.4g·(kW·h)^{-1}$ 左右，而且随喷油相位变化不大，Soot 排放随喷油相位推迟略有降低。这是因为在传统燃烧模式，在相同的 EGR 率下，进气氧浓度基本相同，而且缸内平均温度也相差不大，喷油相位的推迟造成燃烧工质在高温区域持续时间缩短，因此会使 NO_x 排放降低，Soot 排放升高主要是由于喷油相位推迟后，当前缸内燃烧温度仍然较高，并且 Soot 所对应的氧化时间缩短，导致排放增加；而在低温燃烧区域时，缸内的燃烧温度已远离 NO_x 和 Soot 的生成区域，喷油相位对 NO_x 和 Soot 排放的影响较小。

可以看出，在传统燃烧模式和低温燃烧模式下，随着喷油相位的推迟，均会造成最高燃烧压力、瞬时放热率峰值、最大压升率的降低，燃烧持续期延长；但在低温燃烧模式下，

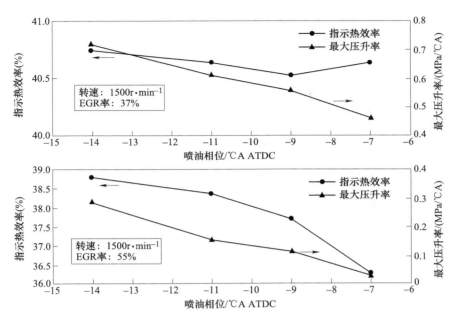

图 11-23　指示热效率和最大压升率随喷油相位变化曲线

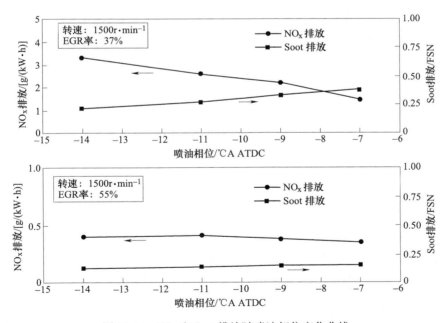

图 11-24　NO_x 和 Soot 排放随喷油相位变化曲线

NO_x 和 Soot 排放随喷油相位的推迟（−14～−7°CA ATDC）变化不大，指示热效率下降明显，燃油经济性变差，因此有必要通过对喷油相位进行优化，保证缸内燃烧稳定性以及排放指标的同时，提高燃油经济性。

11.4.3　喷油压力对缸内工作过程的影响

在单次喷油条件下，通过调节喷油压力参数，研究燃油喷射压力对发动机缸内燃烧和排放特征的影响。图 11-25、图 11-26 分别为转速 1500r·min^{-1}、循环油量 15mg·cyc^{-1}工况下，EGR 率 30%的传统燃烧模式和 EGR 率 50%的低温燃烧模式，喷油相位为−14°CA ATDC，喷油压力分别为 75MPa、100MPa、140MPa 时，缸内压力以及瞬时放热率的变化曲线。可以看出，随着喷油压力的升高，在传统燃烧模式以及低温燃烧模式，最高燃烧压力以及瞬时放热率峰值依次升高，燃烧相位提前，燃烧持续期变短。

随着喷油压力的提升，在相同的喷油量时，喷油速率提高，喷油持续期变短。高的喷射压力，改善了燃油雾化水平，强烈的卷吸效果提高了空气的利用率，燃烧放热速率加快，瞬时放热率升高，缸内最高燃烧压力增大。

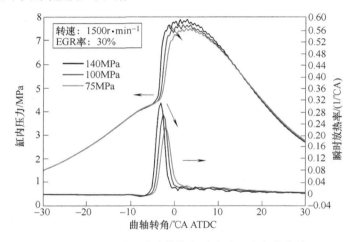

图 11-25　缸压、瞬时放热率随喷油压力变化曲线

（EGR 率 30%）（见彩插）

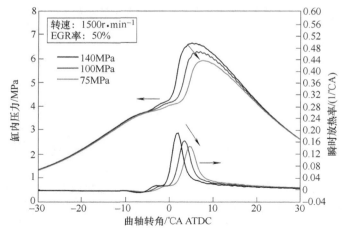

图 11-26　缸压、瞬时放热率随喷油压力变化曲线

（EGR 率 50%）（见彩插）

图 11-27 所示为不同喷油压力时，滞燃期、燃烧前期（SOC-CA50）和燃烧后期（CA50-CA90）的变化曲线。随着喷油压力的升高，在传统燃烧模式，滞燃期缩短 1.8°CA，燃烧前期阶段略有减小，在 0.5°CA 左右，燃烧后期持续期减小 4°CA；在低温燃烧模式，滞燃期略有缩短，燃烧前期和燃烧后期持续期均相应有所减少，特别是燃烧前期阶段，缩短 5°CA。

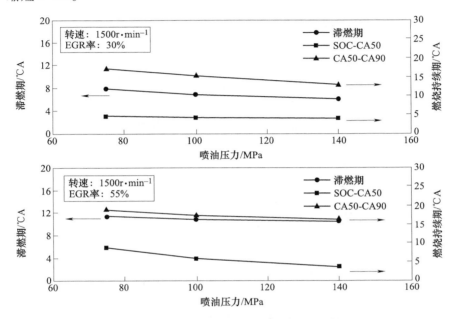

图 11-27　滞燃期和燃烧持续期随喷油压力变化曲线

喷油压力的提高在改善油气混合比例的同时，缩短了滞燃期，减少了滞燃期内的混合气量，因此在传统燃烧模式，燃烧前期（SOC-CA50）阶段变化不大，燃烧后期阶段有所减少；在低温燃烧模式，滞燃期主要受限于缸内的氧浓度以及温度，喷油压力的影响较小，在燃烧前期阶段，喷油压力的提高改善了油气混合程度，缸内燃烧温度升高，燃烧速率加快，持续期缩短，燃烧后期阶段持续期变化不大。

图 11-28 所示为不同燃烧模式，喷油压力对缸内的压力升高率以及指示热效率的影响曲线。可以看出，在传统燃烧模式和低温燃烧模式，压力升高率随着喷油压力的升高而增加，燃烧噪声增大；指示热效率同样呈现升高趋势，在低温燃烧模式，喷油压力的提升对提高指示热效率作用更加明显。

图 11-29 所示为不同燃烧模式 NO_x 和 Soot 排放随喷油压力变化的曲线。随着喷油压力的提高，在传统燃烧模式，NO_x 排放略有升高，Soot 排放下降较为明显；在低温燃烧模式，NO_x 排放和 Soot 排放均没有明显的变化。由此可以看出，提高喷射压力在传统燃烧模式对于降低 Soot 排放作用比较明显。

可以看出，在传统燃烧模式和低温燃烧模式下，提高喷油压力，均可以造成最高燃烧压力以及瞬时放热率峰值的增加，但提高喷油压力同时造成燃油泵消耗机械功的增加；此外，在低温燃烧模式下，提高喷油压力对 NO_x 和 Soot 污染物的改善作用已不明显。

采用标准化的标定工具，是工业界的主流做法，但是各个厂商间在标定流程方面也有一

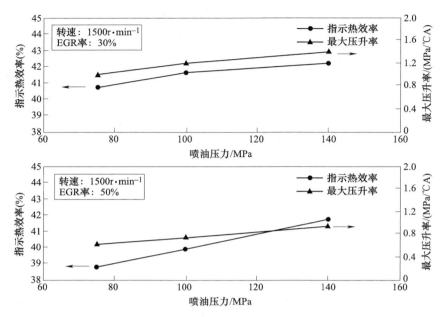

图 11-28 指示热效率和最大压升率随喷油压力变化曲线

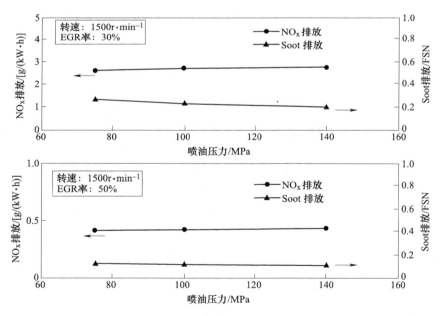

图 11-29 NO_x 和 Soot 排放随喷油压力变化曲线

定的差别。随着我国汽车动力总成技术的不断发展，具有完全自主知识产权的标定工具链及标定技术在不断发展，这将进一步推进我国在这一技术领域全面达到国际水平，助力我国汽车工业研发迈上新的台阶。

参 考 文 献

[1] 张亮. 全新汽车动力总成现代技术［M］. 北京：机械工业出版社，2021.

[2] 贝赫鲁兹. 汽车动力总成系统［M］. 白先旭，刘勇强，严正峰，译. 北京：机械工业出版社，2018.

[3] 莱夫. BOSCH 汽车工程手册（中文第 4 版）［M］. 魏春源，译. 北京：北京理工大学出版社，2016.

[4] 日本自动车技术会. 汽车工程手册 4：动力传动系统设计篇［M］. 中国汽车工程学会，译. 北京：北京理工大学出版社，2010.

[5] 环境保护部. 轻型汽车污染物排放限值及测量方法（中国第六阶段）：GB 18352.6—2016［S］. 北京：中国环境科学出版社，2020.

[6] 环境保护部. 重型柴油车污染物排放限值及测量方法（中国第六阶段）：GB 17691—2018［S］. 北京：中国环境科学出版社，2018.

[7] 余志生. 汽车理论［M］. 6 版. 北京：机械工业出版社，2018.

[8] 刘文卿. 实验设计［M］. 北京：清华大学出版社，2005.

[9] 李俊林. 概率统计与建模［M］. 北京：科学出版社，2010.

[10] 刘圣华，等. 内燃机学［M］. 4 版. 北京：机械工业出版社，2017.

[11] 国际标准化组织. ASAP3 协议［EB/OL］.（2019-01-20）［2021-10-19］. https：//www.asam.net/standards/detail/asap-3/.

[12] 黄海燕. 汽车动力系统试验学［M］. 北京：清华大学出版社，2019.

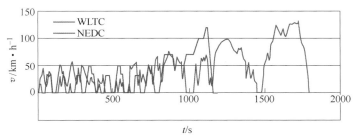

a) WLTC与NEDC循环对比

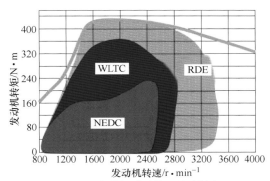

b) 不同循环发动机工况覆盖图

图 2-9　车辆道路循环

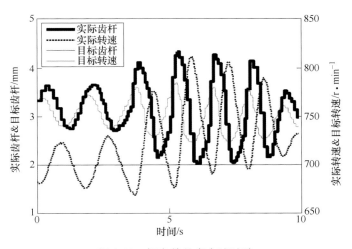

图 2-11　标定前整车怠速试验

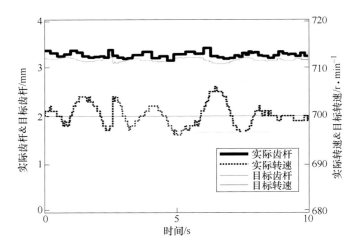

图 2-12　标定后整车怠速试验

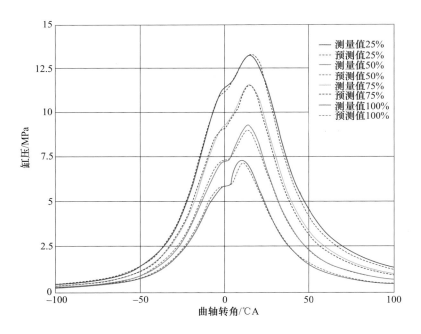

图 4-13　缸压曲线的对比（1500r/min）

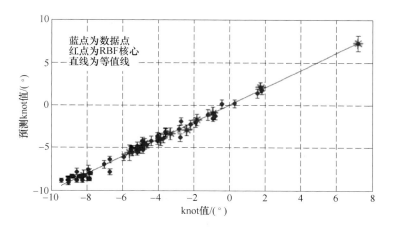

图 5-8　k 特征拟合模型

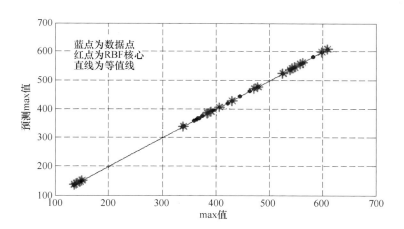

图 5-9　β_0 特征拟合模型

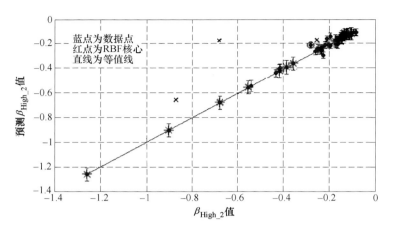

图 5-10 $\beta_{\text{High\_2}}$特征拟合模型

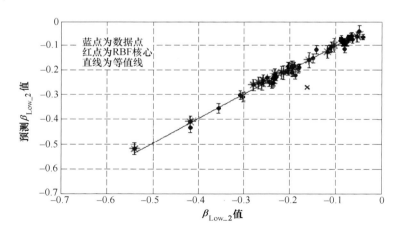

图 5-11 $\beta_{\text{Low\_2}}$特征拟合模型

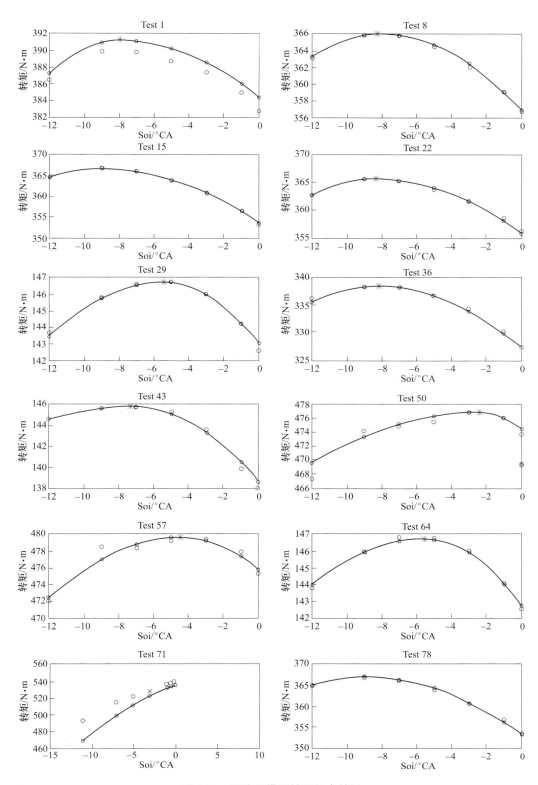

图 5-12　两阶段模型转矩拟合结果

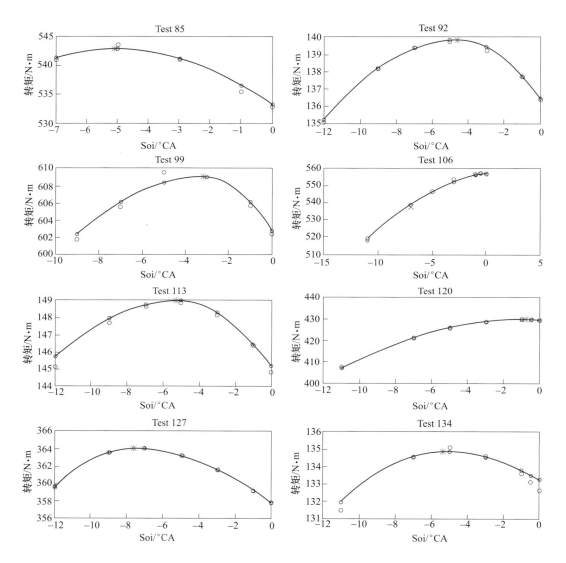

图 5-12　两阶段模型转矩拟合结果(续)

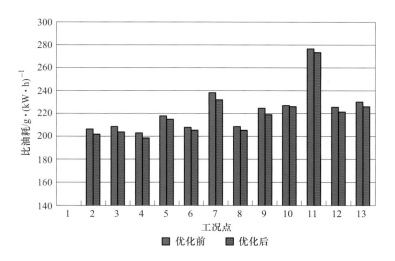

图 6-9   十三工况点比油耗对比结果

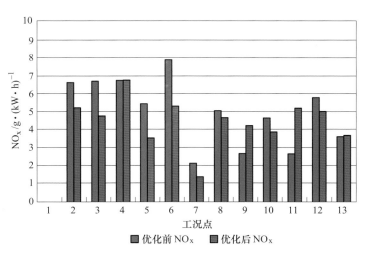

图 6-10   十三工况点 NO_x 排放对比结果

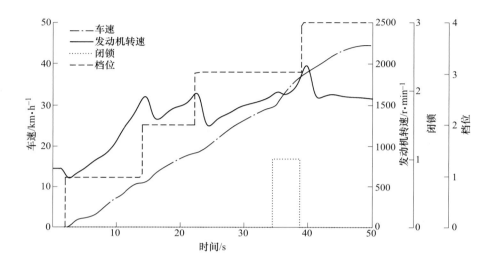

图 7-14　平整路面循环工况下虚拟标定平台的仿真试验数据

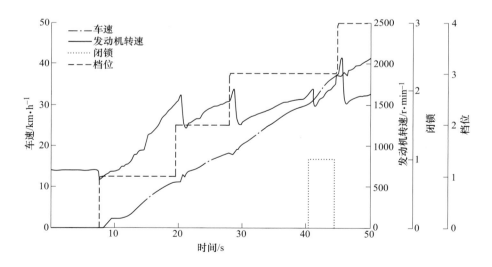

图 7-15　平整路面循环工况下的实车试验数据

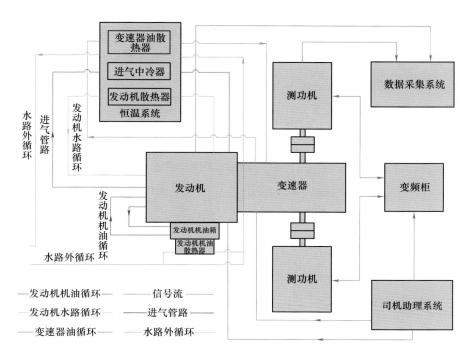

图 10-1　台架试验系统构成示意图

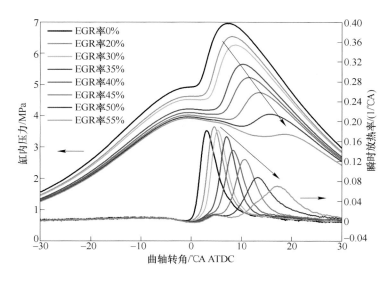

图 11-11　缸压、瞬时放热率随 EGR 率变化曲线

($1500 \text{r} \cdot \text{min}^{-1}$、$15 \text{mg} \cdot \text{cyc}^{-1}$)

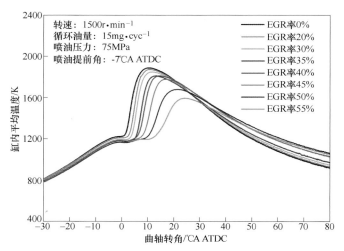

图 11-12　缸内平均温度随 EGR 率变化曲线

（1500r · min^{-1}、15mg · cyc^{-1}）

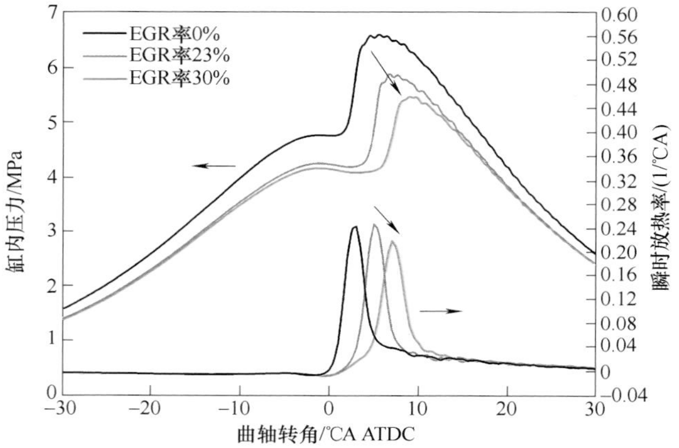

图 11-15　缸压、瞬时放热率随 EGR 率变化曲线

（1500r · min^{-1}、11mg · cyc^{-1}）

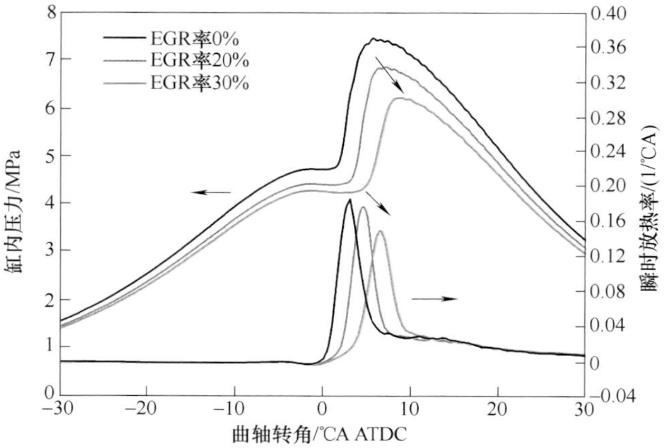

图 11-16　缸压、瞬时放热率随 EGR 率变化曲线

（1500r · min^{-1}、20mg · cyc^{-1}）

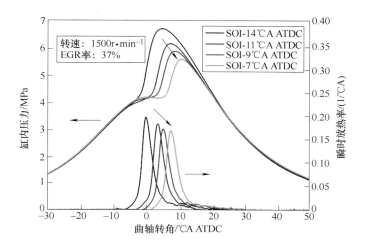

图 11-20　缸压、瞬时放热率随喷油相位变化曲线
（ EGR 率 37% ）

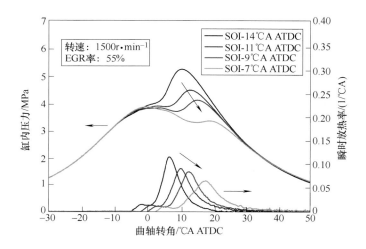

图 11-21　缸压、瞬时放热率随喷油相位变化曲线
（ EGR 率 55% ）

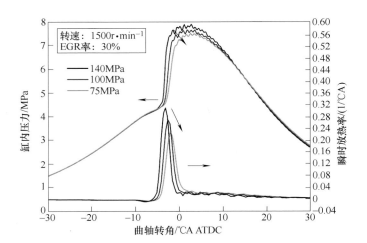

图 11-25　缸压、瞬时放热率随喷油压力变化曲线

（EGR 率 30%）

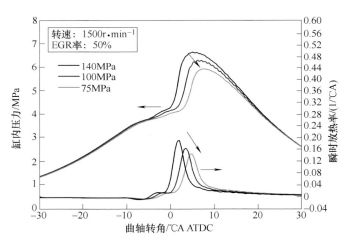

图 11-26　缸压、瞬时放热率随喷油压力变化曲线

（EGR 率 50%）